❖ 在知识更新日益加速的时代，学习将贯穿我们的整个生命，成为持续一生的活动。从学校步入社会，身份的转变并不意味着获取知识的终结。相反，摆脱了获得文凭的功利化学习，脱离了学科与专业的限制，我们对知识有了更深、更广的需求。

❖ "现代图书馆"书系缘起于对人们这种持续需求的关注，旨在通过与时俱进地普及各种知识，为终身学习提供一种新的路径与选择。它尽量保持开放的视野，从国内外纷繁复杂的作品中甄选佳作。它的选材丰富而广泛，涵盖各个学科领域，不仅涉及哲学、心理学、人类学、社会学、考古学、经济学与法律，也涉及数学、天文学、物理学等。与传统教科书枯燥艰涩的面目不同，它的风格活泼且多样，既有权威专家的经典著作，也有新锐作家的独到精品。

❖ 在"现代图书馆"的知识海洋里，读者可以从兴趣与喜好出发去遨游，也可以基于解读现实与社会的需求去探索。顺着知识的关联性，他们可以持续梳理、延展、拓宽，深入追求与钻研，将头脑中干瘪的知识变得丰富，零散的知识变得系统，剔除陈腐的，补全缺失的，最终构建出认知世界的新基点和起点，为提升自己的眼界、素养与思维能力打下坚实的基石，从而更加从容地应对迅速变化的世界中的各种挑战。

❖ "现代图书馆"书系，一个开放的知识世界，等你来自由获取。

神话 简史

A SHORT HISTORY OF MYTH

[英] 凯伦·阿姆斯特朗 著

胡亚豳 译

重庆出版集团 重庆出版社

目 录 <CONTENTS>

第一章
何谓神话 /10
What is a Myth?

第二章
旧石器时代 /19
狩猎神话（约公元前 2 万年—公元前 8000 年）
The Palaeolithic Period:
The Mythology of the Hunters

第三章
新石器时代 /41
农耕神话（约公元前 8000 年—公元前 4000 年）
The Neolithic Period:
The Mythology of the Farmers

第四章
早期文明 /56
(约公元前 4000 年—公元前 800 年)
The Early Civilisations

第五章
轴心时代 /74
(约公元前 800 年—公元前 200 年)
The Axial Age

第六章
后轴心时代 /94
(约公元前 200 年—约 1500 年)
The Post-Axial Period

第七章
西方大转折时期 /106
(约 1500 年—2000 年)
The Great Western Transformation

注释 /132
Notes

CHAPTER 1

第一章
何谓神话
WHAT IS A MYTH?

凡有人类的地方，必有神话。考古学家从尼安德特墓葬群中发掘出武器、工具和用于祭祀的动物骸骨，这一切意味着人类对于另一世界，类似于他们自身所栖居的世界的信仰。尼安德特人可能会互相交流一些关于来世的看法，例如，他们死去的伙伴在那个世界正享受着什么样的生活。这里折射出来的有关死亡的思考，是其他同类所缺少的。动物也会面临其他个体的死亡，但是，就我们所知，它们并没有对此进行过深入思考。但尼安德特人的墓葬群表明，当人类的先民产生死亡意识之后，便开始创造某种与死亡相反的叙事，以便他们能接受死亡。尼安德特人是如此精心地埋葬他们的同伴，似乎他们已经意识到，眼前这个可见的物质世界并非唯一的真实。这样看来，人类在很久以前便具有了超越日常经验的特殊能力。

与其他生物不同，人类会不停地追问意义。就我们所知，狗并不因为它们身为犬类而烦恼，不会为生活在别处的犬族的生存状况而焦虑，更不会换一个角度来体察生命。但人类却很容易陷入绝望之中，因而从一开始我们就创造出各种故事，把自身放置于一个更为宏大的背景之下，从而揭示出一种潜在的模式，这让我们恍然觉得，在所有的绝望和无序背后，生命是有意义和价值的。

人类的另一个独特之处，在于个体具有超出理性之外的思考能力和经验。我们拥有想象力，一种思考非当下之物的能力，以及思考某种不是立即呈现的事物的能力。想象力是一种创造宗教和神话的能力。时至今日，"密索思"即神话思维已经名声扫地，它往往被误认为等同于非理性和自我放纵。但与此同时，想象力也是科学的起点，科学家凭借想象力才得以将新的知识揭示出来，并发明出无限提高效率的技术。科学的想象帮我们实现了星际旅行、月球行走的梦想，创造出一度只能在神话领域发生的奇迹。神话和科学拓展了人类的生存视域。正如我们将要看到的，神话如同科学和技术一样，它不仅不会让人们疏离这个世界，恰好相反，它让我们更有激情地栖居其中。

尼安德特墓葬群表明了关于神话的五个重要层面。

其一，神话根植于人类的死亡经验和衰亡恐惧之中。

其二，从动物骸骨可以看出，在埋葬墓主的同时举行了献祭活动。神话与仪式密不可分，离开了仪式活动的神话将黯然失色，也正是仪式为神话带来了新的生命力，从而也致使它不为凡夫俗子所理解。

其三，尼安德特神话可以称之为"墓边神话"，它是在生命濒临极限之际的回光返照。所有最具分量的神话都与濒死状态相关，它迫使我们走出自身的日常经验。在这一时刻，我们会以不同的方式抵达前所未闻之处，开始前所未有的行动。神话是关于未知的想象，是溯源到无以言说处的言说，并由此抵达那伟大静穆的核心。

其四，神话并不是为故事本身而讲的故事，它关涉到我们应有的行为举止。在尼安德特墓穴里，有些尸身被摆放成胎儿的姿势，似乎是为了重生——已逝者必须自己迈出下一步。可见，只要能够正确地诠释神话，它就可以给人类带来更为正确的精神状态和心理状态，无论是在此世还是来生。

其五，也是最后一点，所有神话都言及与现存世界并存的另一个维度，这似乎也有据可寻。信仰这一不可见但更强大的真实——我们把它称为神的世界——这是神话的基本母题。有人主张这是"永恒哲学"，是因为在现代科学体系创建之前，这一哲学思想曾贯穿所有社会的神话、仪式和社会组织，而它对传统社会的影响更是延续至今。根据永恒哲学，在现实世界可见可闻的万事万物，都在另一个神圣领域里有对应的映象或摹本，并比它此世的存在更为丰富、强大和持久。[1]在地球上，每种实存都只是原型黯淡无光的影子，一个不完美的摹本。只有通过参与另一世界的神圣生活，必死的、脆弱的人类才能实现潜在的可能性。神话赋予另一世界一种直观性，人们能够直接洞察一切。它们的重点既非描述神的言行举止，亦非出于无聊的好奇心或者因为故事很有趣，而是为了让凡间男女得以模仿强大的神，并亲身体验神性本身。

在科学文明的语境下，我们对神的概念的了解过于简单。在古代社会，"神"很少被解读为超自然的、非人格化的存在，或是过着与人间完全分离的形而上的生活。用时髦的观点来表达，就是神话并非神学，而是人类经验的总汇。人们曾经认为，神、人、动物和自然是密不可分的一体，它们遵守同样的法则，并由同样的神圣物质所构成。在人的世界和神的世界之间，并不存在所谓的本体论鸿沟。当人们言及神性，他们通常只是在谈论神世俗的一面。神灵的存在跟一场风暴、一片大海、一条河流密不可分，同时也跟人类的强烈情绪密不可分——爱情、愤怒或者性欲——那似乎即刻将男女提升到另一个截然不同的存在层面，让他们以一种新的眼光看待这个世界。

神话能够帮助我们解决人类的困境。神话有助于人们发现自身在世界之中所处的位置以及他们真正的方向。我们老是在追问"我们从何处来"，但因为人类最早的开端已经佚失于"史前史"这团无人知晓的迷雾中，所以我们只能自创一些关于始祖的神话，虽然它并不是真实的历史，但却能够更好地解释我们对现有环境、邻人和风俗的看法。我们也想追问"我们向何处去"，因为我们也创造了不少关于死后存在的故事——尽管如我们所知，没有多少神话是关于人类永生的。我们试图诠释那些奇异的瞬间迷狂，我们似乎突然从我们的日常当中超脱出来。神的存在能够解释这种"超验"的经验。所谓的"永恒哲学"表达了我们的先验直觉——对于人类以及物质世界，我们肉眼所见的一切并非全部存在。

如今，"神话"这个词通常用来简单描述一些不真实的事物。一个政客如果被控犯有某种小过失，他会辩驳说那只是"神话"，根本是子虚乌有。当我们听到神灵漫步地球的声音，或者看到亡灵走出坟墓，或者看到海水奇迹般地分开以帮助神的选民逃避敌人，我们会把这类故事归为"不可信"的类别，完全不会相信它真实发生过。自从18世纪以来，我们形成了一种科学的历史观，我们最关心那些真实发生过的事件。但是在前现代社会，当人们书写历史时，更关心的是某个事件的意义。一个神话就是一个事件，在某种意义上，它不仅曾经发生过，而且始终没有停止过。自从我们拥有了严格的编年史历史观之后，我们就不再记载这一类事件；而神话则是一门艺术，它记录历史之外的事件，指向人类存在中的永恒，让我们从随机事件的混乱无序中超脱出来，去一窥真实之堂奥。

"超验"也是人类经验的一部分。我们渴求着刹那的心醉神迷，我们感到内心深处被触动，并在瞬间获得了灵魂飞升的欢欣。此时此刻，我们的生命强度超越了平庸，从每一个层面燃烧出激情，并占据我们的全部人性。宗教体验是获得这种迷狂的一种方式，但如果人们已经不再能从庙宇、犹太会堂、教堂或者清真寺获得这一体验，那么，他们将转向别处寻求，转向艺术、音乐、诗歌、摇滚、舞蹈、麻醉品、性爱或者运动。如同诗歌和音乐，神话也应该唤醒我们的狂喜之情——哪怕在面对死亡或者因寂灭感而陷入绝望之际。如果神话失去了这一功能，那么，这个神话就已死去，变成一个毫无意义的空壳。

因此，把神话视为低级的思维模式是一个错误，它误认为人类进入理性时代后，就应该彻底抛弃神话。神话并非人类历史上的早期尝试，也从未宣称其故事为客观事实。神话如同一本小说、一出歌剧或者一幕芭蕾舞剧，它是一种"信以为真"，同时是一场游戏，用以美化这个破碎的悲惨世界，并且让我们看到了一种新的可能性："如果……那么会发生什么？"——正是这个问题，促进了哲学、科学和技术领域一些最重要的发现。尼安德特人精心安葬他们的同伴，为他们准备死后的新生，也许同样基于这样一种精神上的游戏——"信以为真"："如果眼前的世界并非唯一存在的世界，那么会发生什么？这会对我们的生活发生何种影响——心理、现实或者社会上的改变？我们会产生何种变化？人格更健全？另外，如果我们真的发现了生命的转化，那是否意味着我们的神话信仰具有某种程度的真实性？难道它不是透露了某种与人类相关的重要信息吗——哪怕我们无法理性地证实这一点？"

人类始终保持着独一无二的游戏能力。[2]除非被囚禁在人工环境下，否则，其他动物早已经在野生世界的残酷现实下丧失了早先的游戏的乐趣感。人类成年之后，依然以不同方式保持着游戏的本能，而且，我们就跟孩子似的，继续创造想象的世界。艺术从理性和逻辑的束缚中解放出来，我们构想并结合了丰富我们生活的新形式，我们相信这些形式会向我们揭示一些重要而深刻的"真实"。神话亦然，我们以"虚构"为乐，并通过某种仪式把它变为现实，按照它的方式行事，思考它对生活的影响，然后发现我们对这个困扰我们的世界有了新的认识。

神话正是因为它的有效性而成为一种真实，并非因为它给予我们的所谓"事实真相"。然而，如若它再也无法给我们带来对生活深层次的洞见，那么，它便已成明日黄花。如果一个神话行之有效，也就是说，能迫使我们改变想法和心意，给予我们新的希望，并迫使我们生活得更充实，那么这个神话就是一个"真实的神话"。我们只有遵循神话的指示，它才会改变我们的生活。神话本质上就是一种指引，它告诉我们，为了生活得更丰富些，我们必须做些什么。如果我们无法将它应用于自身、无法把神话转化为一种生活现实，那么它就会像棋盘游戏的规则一样令人费解、遥不可及。神话就像下棋，只有动手去玩，才不会觉得困惑。

现代社会与神话有了前所未有的疏离。在前现代社会，神话不可或缺。它不仅引导人们领悟生活的真谛，而且揭示出人类心灵中一些无法触及的领域。这是早期心理学的雏形。关于诸神的传说，关于英雄闯入地狱、穿过迷宫、降妖伏魔的故事揭开了人类心智神秘运作的一角，告诉人们如何应对自己的内心冲突。当弗洛伊德和荣格以现代手段探索灵魂之时，他们本能地求助于古典神话，以此阐明他们的见解，并重新诠释了古老的神话。

太阳底下无新事。一个神话从来就没有单一的标准版本。世易时移，我们也会变换讲述故事的方式，以便凸显它们超越时间的"真实"。在这本短短的《神话简史》中，我们会发现，在不同历史时期，男人和女人每向前迈出一大步，都要重温他们的神话，以旧瓶装新酒的方式将它改头换面。我们还将看到，人类的天性并没有多大变化；而这些在与我们截然不同的社会中创造出来的神话，仍在解决我们内心深处的恐惧和欲望。

THE PALAEOLITHIC PERIOD: THE MYTHOLOGY OF THE HUNTERS

CHAPTER

第一章
旧石器时代
狩猎神话（约公元前 2 万年—公元前 8000 年）

人类完成自身进化的过程是历史上最为漫长的时期，同时也是人类史上最重要的塑形期。此外，从各方面来看，这也是一段充满恐惧和绝望的日子。在这个阶段，这些早期人类还没发展出农业，无法依靠一己之力耕种粮食，只能完全依赖狩猎和采集。神话对他们至关重要，就像他们为了杀死猎物并在某种程度上操控他们所处的环境而进化出的狩猎武器和技能一样。和尼安德特人一样，旧石器时代的先民也没有留下任何神话记载，但这些故事被证实它们对人类自我认知及理解自身困境是如此重要，从而得以通过碎片的方式在后世文化的神话中保存下来。我们可以通过当今原住民的生活形态去推测原始人的早期经验和关注——例如，俾格米人和澳大利亚土著至今仍像旧石器时代一样生活在狩猎社会，从来没有经历过农业革命。

民族学家和人类学家告诉我们，原住民从神话和象征角度来思考问题很正常，因为原住民非常强烈地意识到日常生活中神性的一面。在工业化、城市化的社会中，被我们称为"偶像崇拜"或者"神性崇拜"的经验对于人们而言显得极为遥远，但对于澳大利亚土著人，它不仅是完全自明的，而且比物质世界更为真实。例如，"黄金时代"[1]——澳大利亚土

---

[1] Dreamtime，澳洲土著神话中的"黄金时代"，有若中国的"盘古开天地"时代。——译者注

著在睡眠和幻觉中能体验到它，它无始无终，并且"随时"可以发生。它构成了日常生活的坚实背景，而主宰日常生活的则是死亡、变化无常、无穷无尽的事件以及四季的轮换更替。"黄金时代"属于我们的始祖——他们被视为无所不能的原型生物，教给人类生存所必需的技能，诸如狩猎、战争、性交、纺织以及编织工艺。因此，这些并不是亵渎，而是神圣的活动，它们使凡人与"黄金时代"发生了关联。例如，一个澳大利亚土著打猎时，会极力模仿所谓"原型猎人"的行为方式，直到感觉"原型猎人"已经跟自身完全合为一体，能够企及更具力量的原型世界。只有当他体验到这种与"黄金时代"的神秘统一时，生命才具有了意义。随后，当他从那种原始的丰饶甘美的神秘体验中坠落，重返这个时间世界时，他会感到恐惧，害怕这个世界会将他吞噬，抹去他的所作所为，让一切化为乌有。[3]

原住民认为，精神世界是如此直接而令人信服，它一定曾经更容易为人类所理解。在每一种文明里，我们都能发现关于"失乐园"的神话，在这个神话中，人类与诸神有着密切的日常接触。他们都不会死，彼此和睦同居，与动物和大自然融为一体。在世界的正中，往往生长着一棵大树，坐落着一座山峰，或者矗立着一根柱子，连接着天地，人们可以很容易爬到诸神的领域。接着发生了一场大灾难：圣山崩塌、神树被伐，人类再也无法接近乐园。这类"黄金时代"的故事属于很早期的、几乎是普遍存在的神话，它从来就没有试图成为历史。它来自于人类自发而强烈的宗教体验，并且表达了他们内心的一种焦虑——对可望而不可即的现实感到着急。在远古社会，大部分宗教和神话都渗透了对"失乐园"的渴望。[4]这些神话并非追思怀旧之作，其主要用意是向人们指出一条重返原型世界之路，让它不仅仅只存在于瞬间的迷狂幻觉中，还成为人们日常生活的背景。

如今，宗教信仰已经跟世俗生活分道扬镳。对于旧石器时代的猎人们来说，这是一件不可思议的事情——在他们的心目中，根本没有世俗这个概念。他们所看到或者体验到的每一事件都将与神性世界的原型相对应。万事万物，无论多么微不足道，都包含着神性。[5]而他们所做的每个动作都相当于事奉了一次圣礼，让他们得以接触诸神。最常用的方式是举行各种仪式，必死的人类通过仪式随时参与到永恒的世界之中。而对于我们这些现代人，象征符号已经跟不可见的实体截然分开，并左右了我们的注意力；而在希腊语中，象征（symballein）却意味着"把……放在一起"——两个相异之物变得不可分割，就像鸡尾酒里的杜松子酒和汤力水。当你观察任何一个地球上的物体之时，你都会看到它在天国的对应物。这种对神性的参与是神话世界观必不可少的，神话的意义也就在于让人们更充分地意识到精神维度的存在，它从四面八方紧紧地包裹着他们，是生命的自然组成部分。

最早期的神话教导人们如何洞悉眼前的有形世界，去发现另一种似乎包含着某种"彼岸性"的真实世界。[6]不过它并不要求"信仰的飞跃"，因为在那个阶段，在神圣与世俗之间还不存在形而上的鸿沟。当那些早期人类注视一块石头时，他们看到的并非一块了无生气、千年不移的石块。它有力、永恒、坚固，是另一种象征着绝对的生命式样，完全不同于脆弱的人类生活。石头迥异于人类的"他性"，为自身带来了神圣感，在远古时代，石头成为最常见的"显圣物"——神圣的启示。再例如，一棵树不费吹灰之力就能进行自我复生，将凡俗男女无法拥有的奇妙生命力具象化，变为可见之物。同样，当他们目睹月亮的盈亏，又再度发现了一种神圣的再生力量[7]，它既严酷又仁慈，既令人恐惧又给人安慰。树木、石头和天体本身并不值得崇拜，但却因为它们所显现出来的某种隐形力量而受到崇拜。这种力量在自然界中随时可见，它驱使人们相信另一种更强大的现实存在。

有些神话的发生年代非常早，甚至可以追溯到旧石器时代，它们的传说内容大多跟"天"有关，似乎"天"是最早赋予人类神性概念的对象。他们仰望天空——无穷无尽、无边无际的天空，与他们卑微的生活形成鲜明的对比——在对

"天"的凝视中,他们获得了一种宗教体验。[8]天空高在九霄之上,看不到尽头,难以接近而且永恒不朽。这就是超验性和他性的本质。人类根本无力撼天。雷鸣、日食、风暴、落日、彩虹和流星——它们在另一个无穷无尽的时空里上演着无休无止的剧情,恣意炫示着自己的生命力。人们仰望天空,心里不由怀着恐惧和欢欣,怀着敬畏和惧怕。"天"既吸引着他们又压迫着他们。伟大的宗教历史学家鲁道夫·奥托(Rudolf Otto)曾经这样描述,"天"的本性就具有超验性,既可怕又迷人;并没有任何虚拟的神性隐藏在其后,"天"本身就是"令人畏惧的神秘"和"令人向往的敬畏"。[9]

这些思想已经初步包含了神话和宗教信仰的双重要素。在我们这个怀疑论时代,我们经常假设人们都是有信仰的,因为他们试图通过崇拜从神那里得到自己的所求。他们试图获得支持他们的神力。他们祈祷长命百岁、远离病厄、长生不老,他们自认为能说服神给予他们恩宠,答应他们的请求。但远古时代的"圣显"表明,崇拜活动并不一定是为了自我。人们并不指望能从"天"那里得到任何恩宠,而且也很清楚他们对"天"完全无能为力。从远古时代起,我们就已体验到世界是如此神秘莫测,它使我们保持敬畏与惊奇,那正是崇拜的实质所在。后来,以色列民族以"qaddosh"一词来指称通过崇拜而"神圣化"。它意味着"(从日常世界中)析离出去，成为他者"。纯粹的超越经验就其自身而言具有深刻的自足性，它为人们带来迷狂体验，令他们意识到某种超越于自身的更高存在；人们感到激情燃烧、想象力勃发，从而从有限的生存环境里超脱出来。而试图"说服"天空按渺小卑微的人类意愿行事，对原始人类而言，无异于痴人说梦。

在旧石器时代之后，"天"作为神圣的象征仍然持续了相当漫长的时间。不过，早期的发展表明，如果神话试图讲述太过超验的现实，人们完全无法参与其中的神性，那么它将变得越来越遥不可及，最终彻底淡出人类的意识，这个神话就失败了。从某个时代起——我们无法探知其确切年代——大地上的人们开始用各种方式试图把"天"进行人格化。他们开始讲述关于"天空之神"或"至高神"的神话，他们赤手空拳从虚无中创造出天与地。这种最原始的一神教几乎可以溯源到旧石器时代。在人类进行多神崇拜之前，世界各地的人们都公认有一个"至高神"存在，他开天辟地，创造世界，并高高在上地对人类生杀予夺。

几乎每一个万神殿都供奉着一位"天空之神"。人类学家甚至在俾格米部落、澳大利亚土著和火地岛印第安部落都发现了"天空之神"的踪迹。[10]他是万物的开端和天地的统治者。他不能以任何形象来代表，也不用设神坛和祭司，因为他太高高在上，无须人类崇拜。人们在祷告中渴念着他们的"至高神"，认定他一定在高处注视着他们，并且会对他们的过错进行惩罚。然而"至高神"仍然缺席人们的日常生活。部落男子说，他"难以形容"，而且不会跟世俗凡人打交道。在危难之中，人们会向他祷告，但他从某方面而言仍然是个缺席者，人们常说他已经"离开"或者"消失"了。

就因为这个原因，远古的美索不达米亚人、吠陀时期的印度人、古希腊人和迦南人的"天空之神"全部衰落了。对所有人而言，所有神话中的"至高神"不过是个模糊不清、软弱无力的形象，在诸神谱系中已经被边缘化；而像因陀罗、恩利尔（Enlil）和巴力神（Baal）[1]这类更具生命力和吸引力、更易接近的神则大行其道。有些神话解释了为什么"至高神"被"解职"：例如，希腊神话中的"至高神"乌拉诺斯，被他的儿子克洛诺斯阉割，以一种可怕的方式解释了这些创世神的无能，他们被从人类的日常生活中驱逐出去，变得边缘化。人们能在每一次暴风雨当中感受到巴力的神力，在每一次战争的狂怒当中感受到因陀罗的神威。而古老的"天空之神"则根本不会触及人们的生活。神话的早期发展史表明，神话

---

[1] 因陀罗为印度教主神，司雷雨。恩利尔为古阿卡德人崇拜的大气之神，与阿努（Anu）和埃阿（Ea）并称三神一体。巴力为迦南人崇拜的偶像，为自然之神和丰产之神，迦南人相信向巴力献祭能带来风调雨顺的丰收年景。——译者注

如果太超自然就会导致失败，只有当它更关注人类时，它才能长久保持其重要性。

"天空之神"的命运也提醒我们注意到另一个普遍的误解。人们通常认为，早期神话提供了前科学时代关于宇宙起源的信息。关于"天空之神"的神话的确代表了这类思想探索的结果，但它本身却是一个失败，因为它根本没有触及人类的日常生活，既没有帮助他们了解人性，也没能帮他们解决长期存在的问题。"天空之神"之死有助于解释为何犹太人、基督徒和穆斯林崇拜的创世神现在已经从许多西方人的生活里消逝了。一个神话的成败并不以传递了多少事实信息为凭据，最重要的是它能否指导人们的言行举止。它的真理价值只能在实践中揭示——无论是仪式性的还是伦理性的。如果它被视为纯粹理性的假说，那么，它将会变得遥不可及，而且变得越来越难以置信。

"至高神"虽然不断被降级，但"天空之神"却从未曾丧失过它的权威，仍然令人们顶礼膜拜。高高的苍穹令它成为神的神秘象征——旧石器时代精神的遗迹。在神话和神秘主义中，人们会频频向上苍发出吁请，发明各种祭祀仪式、灵魂出窍的技巧和集中注意力的法门，以便在现实生活中体验"升天"神话，让自己上升到意识的更高层面。圣人们宣称他们已经登上了天界的多层天，最后抵达了神的居所。据说，瑜伽修行者能乘风飞行,神秘主义者能飘浮空中,先知们能登上顶峰,进入生命更崇高的存在方式。[11]人们热切渴望以天空为代表的超验境界,希望借此脱离人类自身的软弱,抵达彼岸世界。这就是为什么山在神话中通常被视为神圣之物的原因:它恰好处于天地之间,像摩西这样的人就可以通过登山面见他们的上帝。在各种文明当中,都出现了关于飞行和升天的神话,这表明了人们对超验的普遍性渴望,并期望自身能从人类局限性的束缚中解放出来。神话,不应该仅从字面上理解。当我们理解耶稣升天的故事时,并不需要想象耶稣像旋风般穿过大气层。先知穆罕默德从麦加飞到耶路撒冷,登上天梯来到神座前,我们可以理解为他到达了一个新的精神层面。当先知以利亚乘着烈火战车升天之时,这表明他已将人类的弱点统统抛诸身后,而抵达尘世经验之外的神性领域。

学者们认为,最早的升天神话大约肇始于旧石器时代,跟"萨满"有关——在狩猎时代,萨满即巫师,是当时最主要的宗教从业人员,他们熟练地掌握了灵魂出窍和迷狂的技能,他们在幻觉和梦境中升华出所谓的狩猎精神,并赋予它某种精神意义。狩猎十分危险,猎手们不得不放弃他们安居的洞穴,一连数日离开部落,冒着生命危险追逐猎物,带回猎物养活族人。然而,如我们所知,狩猎不仅仅是一种现实的生存技能，还如其他活动一样具有超验的维度。萨满们开始着手探索这个问题，开始了精神远征和探险。人们认为，萨满具有灵魂出窍的能力，通过精神之旅到达天国。灵魂出窍之际，他将在空中飞翔，与神晤面，为他的人民与神沟通。

在法国的拉斯科岩洞和西班牙的阿尔塔米拉岩洞，人们发现了旧石器时代的洞穴神龛，洞壁上绘有狩猎岩画，除了动物和猎人外，还有一群男人头戴飞鸟面具，状似飞翔，那很可能就是萨满。哪怕时至今日，从西伯利亚到南美火地岛的狩猎社会，萨满们仍然相信在他们灵魂出窍之时，他们可以升天面神，就像远古"黄金时代"的人类一样。萨满会受到灵魂出窍的特殊训练。有的萨满在青春期就出现了精神崩溃的症状，那意味着他跟世俗意识已经一刀两断，重新获得了人类现已丧失的能力。在奇特的仪式上，萨满在鼓点和舞蹈的伴奏下进入灵魂出窍的状态。他经常会爬上一棵树或者一根柱子，它们象征着曾经将天地联结为一体的大树、高山或天梯。[12]一个当代萨满描述了他从地底升入天空的灵魂出窍之旅——

> 人们在歌唱，我在舞蹈。我进入大地。我去到了一个地方，犹如人们的饮水之地。我开始了漫长的旅程，很远很远……当我从地底冒现时，

> 我开始向上攀缘。我攀缘着挂在南方的细细的绳索……当你到达至圣所，你会卑谦下来，自惭形秽……你在那里做你该做之事。然后，你回到尘世人所在之地。[13][1]

就像猎人们的远征充满了危险，萨满的探险也面临着生死考验。当他返回到大地上来，其灵魂也许依然神游于躯壳之外，需要他的同行把他唤醒。他们"托住你的头，打你的脸。这就是你复活的途径。朋友们，如果他们不那么做，你就完了……你会死去，成为死人"[14]。

精神飞升并非实地旅行，而是一种灵魂离开躯壳的狂喜。而且，如果没有事先下入地底的深处，就无法升入最高的天穹。这正如没有死亡，就没有重生。这一原始的灵性的母题将会在人类文明史上、在神秘主义者和瑜伽修行者的身上重现。这些关于升天的神话和仪式可以追溯到人类最早的开端，这一点意义十分重大。它意味着超越意识是人性最本质的渴望。一旦人类完成了进化之后，他们就会察觉到对"超验"的渴望已经根植于他们作为人的存在之中。

---

[1] 引文出自J.坎贝尔和B.莫耶斯的作品《神话的力量》。J.坎贝尔（1904—1987），神话学学者，神话研究涵盖人类学、考古学、生物学、文学、哲学、文献学、荣格心理学、一般神话、比较宗教、艺术史以及流行文学等领域，在美国极受推崇。——译者注

萨满们只能在狩猎社会中如鱼得水，因为动物在他们一系列宗教活动中扮演着重要角色。在当代，一个萨满在接受培训时通常需要在荒野与野兽为伍。他会假想与某种动物相遇，"它"将在他灵魂出窍的秘密状态下引导他，教会他飞禽走兽的语言，并成为他终生的伙伴。受教于动物并不会被视为倒退。因为在狩猎时代，动物不仅不会被当作低等生物，相反还被认为具有高人一等的智慧——它们了解长生的秘诀、洞悉不朽的奥秘，通过与它们交流，萨满会获得更强大的生命力。人们猜测，在远古的"黄金时代"，在人类堕落之前，人与动物能够相互交流；因此，除非萨满能重获人类堕落前的技能，否则他就不可能进入神的国度。[15]不过，萨满的"升天之旅"也有实际效用。他就像猎人一样，从另一个意义上把食物带给族人享用。例如，格陵兰岛的因纽特人认为，海豹属于一位女神所有，她被尊为"狩猎女神"。当海豹等猎物严重不足时，就会由萨满出面安抚女神，以结束饥荒。[16]

旧石器时代的人们很可能也发明了类似的神话和仪式。一个最重要的事实就是，智人同时也是"狩猎猿"，他们猎捕其他动物，杀掉它们，然后把它们吃掉。[17]在旧石器时代，神话也具有一个显著特征，那就是对他们不得不猎杀的动物表现出极大的尊重。在当时，人们没有足够的武器去狩猎，因为他们比大多数猎物都脆弱和渺小。他们必须发明新的武器和技能来弥补体能上的不足。但更多的问题是心理上的二律背反。人类学家注意到，现代原住民经常把飞禽走兽视为跟他们完全一样的"人"。在他们的故事里，经常有人和动物互相变形的情节；杀死动物等同于杀死一位朋友，在每次狩猎满载而归之时，族人们的心里都会有一种负罪感。正因为狩猎是一种神圣的活动，充满了高度的焦虑感，是一种礼仪性的庄严活动，充满了仪式和禁忌。在狩猎之前，猎人必须禁欲，保持一种宗教式的纯洁；杀生之后，要把肉从骨头上剥干净，然后把动物骨架、颅骨和毛皮小心翼翼地摆成原样，企图重新创造出这个动物，让它获得重生。[18]

看来，最早期的猎人就处于同样的二律背反之中。他们不得不接受这沉重的一课。在前农业社会，他们还没有学会种植作物，活命的唯一出路就是猎取其他动物的性命——而在他们的心里，这些动物跟人类亲如一家。他们主要的猎物是大型哺乳动物，它们的身躯和面部表情都酷似人类。猎人们能够切身感受到它们的恐惧，辨识出它们的哀号。它们鲜血淋漓的样子，一如人类。因此，他们创造出各种神话和仪式，以面对这种难以承受的矛盾情结，缓解谋杀同类的负罪感。其中，部分神话和仪式在随后的人类文明中得以保存下来。在旧石器时代之后，人们仍然对猎杀、食用动物感到难以接受，人类的这种感受持续了很长一段时间。在古代几乎所有的宗教体系里，其核心都是动物献祭仪式，它不仅保留着古老的狩猎仪式，并且对那些为人类而牺牲自己的野兽献上崇高的敬意。

当智人进化为homo necans，即"屠宰者"时，神话迎来了它的第一次全面繁荣。屠宰者感到自己难以在这个充满暴力的世界里容身。神话经常起源于深刻的焦虑——它无法使用纯粹的逻辑论证来解决。人类在发展狩猎技巧时也同时发展了大脑，让它变得超常发达，具有了强大的理性思维能力，这大大地弥补了他们身体上的不足。他们发明武器，学会了组织分工、团队合作，以便最大限度地提高效率。即使在早期阶段，智人已经发展出被希腊人命名为"逻各斯"（logos）的思维方式，这种注重逻辑性、科学性、实效性的思考方式使智人能够在世界上成功地存活下去。

"逻各斯"不同于神话思维。"逻各斯"不像神话那样诉诸想象，而是必须准确符合客观事实。我们用智力活动来改变客观世界，即组织社会或者发展技术。同时，它也不像神话那么仪式化，"逻各斯"在本质上更注重实用性。当神话恋恋不舍地回眸"失乐园"和神圣的原型世界时，"逻各斯"却稳步向前，不断创新，改进旧有看法，创造新的发明，令人眼花缭乱，对自然界的控制力日益增强。然而，神话思维和"逻各斯"各有优劣。在前现代社会，人类普遍意识到神话思维和"逻各斯"可以互补，两者各有其独立的领域，两者都有特殊的能力范围，而且两者对人类都不可或缺。神话不可能告诉一个猎人如何捕杀猎物，或者如何成功地进行一次狩猎探险，但可以帮助他缓解因为杀生而产生的内心冲突。"逻各斯"理性、实用、高效，但它不能回答人类终极价值的问题，也无法依靠它自身来减轻凡人的痛苦和忧伤。[19]从远古时代起，智人就察觉到，神话思维和"逻各斯"各有分工。他把"逻各斯"用于发展工具；而把神话和伴随的仪式用于抚慰自己面对生活的悲剧事实，这些事实威胁着要压倒他，阻止他有效地行动，让他变得软弱无力。

令人惊异的阿尔塔米拉和拉斯科地下洞穴让我们得以一窥旧石器时代的精神生活。[20]

在鹿、野牛和粗犷的野马等超自然的壁画中，萨满伪装成某种动物，猎人们手握长矛，但这些精心绘制的壁画都位于极难进入的深深的地下洞穴中。这些地下洞穴也许是最早的神庙和教堂的雏形。关于这些洞穴的用途，学术界曾经有过长期争论；也许壁画描述的是我们永远无法知晓的当地的传说。唯一能确定的就是这些壁画铺满了岩壁和洞顶,其中,人类、似神者(萨满)和原型动物在同一场景中的相遇显得意味深长。朝圣者必须匍匐着穿过阴冷、潮湿而黑暗的地下通道才能到达洞穴,然后继续前行,抵达黑暗的更深处,直到骤然发觉自己正跟壁画上的动物面面相觑。我们在此发现,这些形象和概念所组成的复杂体系跟萨满的超越体验恰好吻合——或许当年萨满们就在地下洞穴举行他们的仪式,在此奏乐、唱歌、跳舞;他们在升天之前要先进入大地的深处(洞穴);他们可以跟动物壁画进行神秘的交流,从而出离于这个凡俗、堕落的世界。

对于从来不曾冒险进入过地下洞穴的新来者,这种经验尤其具有震撼力。看来,洞穴也很可能用来举行一种启蒙仪式,把部落里的青年男子变成猎人。在远古社会,启蒙仪式是宗教信仰的核心内容,至今仍然在传统社会里起着至关重要的作用。[21]在部落社会中,青春期男孩必须要跟母亲分离,独自于社会之外,要被迫经历变成男人的严酷考验。类似于萨满的升天之旅,男孩子的成长之旅也包含着"死亡"和"重生"两个部分:男孩必须让他的童年死去,再进入成人的责任世界。参与仪式的男孩们要先被埋葬到地下,或者进入一座坟墓，并被告知他们将被妖魔吞噬，或者被鬼怪杀死。他们必须忍受强烈的生理痛苦和黑暗，他们通常会经受割礼或者文身。这种经验是如此强烈和痛楚，男孩将从此脱胎换骨，转变成另外一个人。心理学家表示，在这种仪式里，个体被彻底隔绝，感觉被完全削夺；但如果控制得当，它并不会带来人格的退化性紊乱，反而还能激发个体的内在的深层力量进行人格重建。在仪式结束时，男孩已经了解到：死亡是一个新的开始。他带着男人的身体和灵魂回到族群中。当他意识到即将来临的死亡不过是通往新生的一种仪式，他将更勇于把生命献给大家，从而成为一个猎人或者武士。

就在忍受仪式所带来的伤痛时，这个初学者将首次听到部落最为神圣的神话。这一点非常重要。神话绝非能在世俗和琐碎背景下随意讲述的故事。因为它传授神圣的知识，所以必须跟某个仪式相关联，超越于日常的生活经验。同时，它也需要在精神和心理双重转化的语境下加以诠释。[22]总之，神话这一话语体系关系着我们的终极需求。我们得做好相应的准备，允许自己被神话永远地改变。仪式打破了接受者和故事之间的藩篱，让神话成为他自己的故事。神话叙事把我们从熟悉世界的安全确定性推向一种未知。如果神话不与仪式相伴，那么，它根本不能形成一种完全的神话体验——这就像在看一台没有音乐的歌剧，我们只是在阅读唱词一般。若是从重生、死亡、复活这一系列事件当中抽离出来，那么神话就没有意义了。

毫无疑问，正是从拉斯科岩洞式的神圣仪式中，从萨满的精神体验和狩猎活动中，英雄的神话诞生了。无论是猎人、萨满还是初学者，他们都要抛下熟悉的生活，去经受可怕的考验。在满载而归地回到部落之前，他们每天都必须面对横死的可能性。所有的文明都发展出类似的神话，叙述英雄的远征探险。英雄觉得他的生活或整个社会生活少了些什么，而那种养育了世世代代族人的古老观念对他已不再起作用。因此，他背井离乡，出门远征，经历死亡的冒险。他降妖伏魔，征服不可攀登的高山，穿越黑暗的森林，这个过程恰是一个旧我死去、新我复活的仪式，从此他获得了崭新的洞察力和技能，并带回去给他的人民。普罗米修斯为人类偷盗天火，遭受到数以百年的残酷惩罚；埃涅阿斯被迫抛下他的昔日生活，眼睁睁地看着他的家乡毁于一片大火，在建立罗马之前，不得不漂泊于阴间冥府……英雄神话是如此根深蒂固,以至于连历史人物如佛陀、耶稣或穆罕默德的故事都采用这类原型范本的形式——而这也许最早起源于旧石器时代。

此外,当人们口口相传地讲述部落英雄的故事时,他们并不只是想取悦听众。神话的主旨是想告诉我们,如果想成为一个完整的个体,我们该如何行事。在我们生活当中的某些瞬间,我们之中的每一个人都可能成为英雄。每一个婴儿都被迫穿过窄窄的生育通道——如同穿过拉斯科岩洞的地下迷宫——离开温暖安全的子宫,面对一个可怕而未知的世界的创伤。而每一个母亲为了生育孩子甘冒生命危险,这同样富有英雄气概。[23]如果你不打算放弃一切,你就不能成其为英雄;正如没有某种形式的死亡,就不可能有新的生命。在我们的整个生命当中,我们总会发现自己与"未知"迎头撞上,而英雄神话成了我们行为的指引者。我们都必须面对最后的通过仪式,即死亡。

旧石器时代的某些英雄人物仍以某种方式幸存于后世的神话之中。例如希腊神话中的英雄赫拉克勒斯,无疑是狩猎时代留下的遗产。[24]他甚至披挂着兽皮,俨然一个穴居人的形象,而且手里还提着一根大棒。赫拉克勒斯像是萨满,具有高超的捕猎能力;他进入阴间地府,寻求永生之果,并且升天,上达奥林匹斯山诸神的圣地。另一个例子是希腊神话中的女神阿尔忒弥斯,被称为"狩猎女神"[25],一位女猎人,原始自然的保护神,她也可能来源于旧石器时代的神话形象。[26]

尽管狩猎活动是属于男人的专利,但在旧石器时代最强大的猎手之一却是女性。在非洲、欧洲和中东地区发现的描绘孕妇的小雕像最早可以追溯到这一时期。阿尔忒弥斯只是伟大女神的一个化身,她不仅是令人敬畏的"狩猎女神",而且还是生命的源泉。但她并非化育万物的大地之母,而是报复心重、难以取悦、要求苛刻的母亲。如果狩猎仪式遭到亵渎,阿尔忒弥斯将严厉地要求宰杀牲口和流血献祭,这一点令她恶名昭彰。像她这类令人望而生畏的女神也在旧石器时代幸存下来。在土耳其加泰土丘(Catal Huyuk),考古学家发掘出一个距今约六七千年的遗址,其中有大量正在分娩的女神雕像。女神雕像的两肋常饰以野兽,例如公牛的角或者野猪的头盖骨——它象征着一次成功的狩猎活动,同时也是男性的象征。

在一个男性占有绝对优势的社会,女神为何如此令人生畏?也许这来源于当时人们潜意识里对女性的憎恨。加泰土丘的女神们在永不间断地繁衍，而她的伴侣——公牛却必须死去。猎人们冒着生命危险保护他们的女人、孩子。狩猎引起的负罪感和心理焦虑，再加上在与世隔绝的启蒙仪式中所体验到的挫败感，很可能会投射到一位索求无度且嗜血成性的强大的女性形象上。[27]猎人们已经意识到，女性才能充当生命源泉、确保种族延续，而他们只不过是些牺牲品。女性因此成为生命本身令人敬畏的象征，而这一象征要求男人和动物不断地为之献祭。

旧石器时代带来的零星印象告诉我们，神话并非自我放纵式的避世灵药。相反，它迫使凡俗男女面对生死攸关的现实生活。人类具有一种悲剧意识——他们渴望进入天国，却悲剧性地意识到，除非他们面对必死的人生、抛弃安全的生活、下抵深渊、放弃旧有的自我，否则他们就根本不可能做到这一点。凭借神话及其仪式，旧石器时代的人们就这样步入生命的一个又一个阶段；当最终的死亡来临时，它看起来只不过是通向另一种全然未知生命的最后仪式。此后，人类从未丧失过这种生命观照方式，它一直引导着人们踏上更伟大的历史征程。

CHAPTER 3

第三章
新石器时代
农耕神话(约公元前 8000 年—公元前 4000 年)

THE NEOLITHIC PERIOD:
THE MYTHOLOGY OF
THE FARMERS

大约在一万前年,人类发明了农业。狩猎不再是首要的食物来源,人们发现,大地上具有取之不尽用之不竭的丰盛资源。在人类进化史上,很少有比新石器时代农业革命更重要的发展了。我们可以在这些农业先驱创造的神话中看到,人类适应这一新环境时所表现出来的敬畏、欢喜及恐惧。后代文明仍然依稀保留着农耕神话的一些碎片。农业文明是"逻各斯"的产物,不过不同于当代社会的技术革命,它并不仅仅是一个纯粹的利益系统。它引发了一场人类伟大的精神觉醒,让人们对自己和世界有了全新的认识。

人们怀着对宗教的敬畏来看待新兴的农业文明。[28]旧石器时代的人们视狩猎为神圣活动,同样,在新石器时代,农耕也成为一场圣典。当他们耕作土地和收割作物时,农夫们必须保持一种宗教般的洁净。当他们注视着种子被播进大地的深处,注视着种子打破黑暗的束缚,带来不可思议、气象万千的生命形态时,种植者会意识到,在生命背后隐藏着某种令人敬畏的力量。种植成为一种"圣显"活动——它揭示出了孕蓄其中、生生不息的神力。当他们在大地上耕种农作物,为部落带回丰盛的口粮时,他们便感到自身进入了一个神圣之域并参与到这场奇妙的丰收之中。[29]大地就像富有生命力的子宫一般,供养着所有的生命——植物、动物,还有人类。

为避免这一神奇的力量日渐枯竭，人们发明了各种仪式进行"能量补充"。例如，第一批种子要举行"抛弃"仪式，作为对神力的献祭；第一批果实被留在枝头不可采摘，以保持神圣能量的循环往复。甚至有证据表明，在中美洲、非洲部分地区以及太平洋诸岛和印度达罗毗荼人生活的地区，曾经有过用活人来献祭的习俗。在这一献祭仪式的背后，有两个基本原则：其一，不能指望不劳而获，为了收获，必须先行付出；其二，对现实的整体观照方式——神圣并不被认为是超越于自然界的超验事物。神圣只能在大地和它的物产之中被体认，因为它们本身就是神圣之物。诸神、人类、动物和植物分享着同一个大自然，万事万物相辅相成，一派欣欣向荣的景象。

在当时，性活动也被视为一种能使大地更为丰盛富饶的神性力量。在早期的新石器时代神话中，丰收被看作"圣婚"（hierogamy）的成果——土地是女性，种子是神圣的精液，雨水则是天地交合的产物。在播种季节，男女之间举行欢好燕合的性交仪式极为常见。性交被视为神圣之举，它将激发土地的潜力、促进万物生长；农人的犁铧也像神圣的阳具，它将深入大地的子宫，并以种子让它受孕。《圣经》表明，直到公元前6世纪，集体纵欲狂欢的性交仪式仍在古以色列一带盛行，这引起了何西阿、以西结等先知的愤怒。以色列

人甚至在耶路撒冷神庙为迦南人的生殖女神亚舍拉举行仪式,还有专为神妓而设的房间[1]。³⁰

然而,在新石器革命的早期阶段,大地并不总是被视为女性象征³¹,比如,在中国和日本,大地就被视为中性。直到后来,也许是由于女性在家庭生活中担任母亲的角色,大地开始具有女性、生育等人格化特征。在地球上的另外一些地区,大地并没有被人格化,但同样作为神圣之物受到人们的崇拜。她从"子宫"里化育世间万物的方式令人想起妇女生育孩子。在欧洲和北美,某些最古老的创世神话设想大地上的第一批人就是像植物那样从土里生长出来的——他们的生命如同种子般始于大地之下,直到长出"新人",钻出地表;或者像开花的植物那样生根发芽,再由他们人间的母亲采集为种子。³²人类曾一度幻想登上高峰去接近神,而今,他们已经在大地上找到了与神接触的神圣仪式。考古学家发现了新石器时代的迷宫,它们在功能上类似于旧石器时代的拉斯科地下洞穴,但进入地穴的目的不再是与神圣动物相遇,而是进入"大地之母"的子宫深处,借由这种神秘的方式回到所有存在的根源。³³

创世神话试图说明,人类与岩石、河流和森林无异,都

---

[1] 在《旧约》记载的列王纪时代,在巴力神庙内、神妓与香客发生性关系是一种宗教责任。——译者注

归属于这块大地。因此，他们必须尊重大地的自然节律。另一些神话则表达出对于某个地方的深刻认同，它甚至比家庭关系或者父子关系更为深远。在古希腊，这类神话曾风行一时。希腊神话中的第五位雅典国王，厄里克托尼俄斯[1]，便是从雅典卫城的神圣土壤中诞生的，这是一个值得纪念的神圣事件，这说明在远古时代，人们就已经具备了特别的圣地意识。

新石器时代革命让人们意识到了一种遍及宇宙的创造力。它最初呈现为一种无差别的神圣力量，这种力量令大地成为"圣显"的载体。但神话的想象终归要变为具体而详尽的想象，最初无形无影的存在将会获得精确的界定，并越来越趋向不同的个性。正如对"天"的崇拜导致了"天空之神"的人格化一样，母性的、孕育万物的大地演变成了"大地女神"。在叙利亚，她被称为亚舍拉（Asherah），"至高神"埃尔的配偶，或者"至高神"埃尔之女阿纳特（Anat）；在美索不达米亚的苏美尔传说里，她被称为伊南娜（Inanna）；在埃及，她被叫作伊西斯（Isis）；在希腊神话里则变身为赫拉（Hera）、德墨忒尔（Demeter）和阿芙洛狄特（Aphrodite）。这些地母女神融和了狩猎社会大母神的特征，保留了不少令人惧怕的

---

[1] Erechthonius，希腊神话中达耳达诺斯之子，从泥土中诞生。达耳达诺斯为天神宙斯与海洋女神普勒阿得斯所生的儿子。——译者注

个性。阿纳特就是其中一例，她是一位残忍无情的女武士，据说经常在血海中跋涉；德墨忒尔则被描述为暴躁易怒、报复心重，就连爱神阿芙洛狄忒也会实施可怕的报复。

同样地，在新石器时代，神话也不是人类的避世工具，它仍然保持着远古神话的核心力量：迫使人们面对死亡的现实。神话并非田园牧歌，大地之母也并非温柔和善、给人慰藉的女神，因为在那时，刚刚起步的农业生产还不像后世那般安宁和平静。那是一场持续不断的战斗，一场绝望的斗争，是向贫瘠、干旱、饥荒和大自然的暴力等神圣力量发出的挑战。[34]赋予耕作以某种性意象并不意味着人们把农业视为与自然的浪漫爱情。人类的繁衍生育对母婴本身来说也极其危险。同样的道理，耕种土地，也只有在千辛万苦、筋疲力尽的劳作之后才能有收成。在《旧约·创世记》中，人类丧失原始乐园之后，其堕落的状态就被描述为已进入农耕社会。而在伊甸园里，地球上最早的那批人类原本可以轻松无忧地照看上帝的乐园。堕落之后，女人们不得不在苦楚中怀胎生育，男人们不得不汗流满面、在土地上终生劳作才得以糊口。[35]

在早期神话里，农耕几乎是一场暴力行为，人们不得不跟死亡和毁灭背后的神圣力量进行艰苦卓绝的较量。种子被播进大地，为了开花结果而进入"死亡"状态；对种子而言，这是一次充满痛苦和创伤记忆的死亡仪式。耕地的工具形如武器，五谷杂粮必须先碾成粉末，葡萄在酿成美酒之前必须被踩成难以辨认的果浆——这一切在母神神话里都有所映射，她们的配偶几乎无一例外地都会遭受被撕碎、肢解或者残忍杀害的命运，然后他们与五谷一起重生，获得新的生命。所有这些神话的本质其实都是与死亡抗争。从旧石器时代沿袭下来的英雄神话里，其主角总是一位英雄人物，为了族人的利益挺身而出，而进行危险的"英雄之旅"。到了新石器时代，男人却成为无助和被动的角色。取而代之的是女神，她们开展了对世界的远征和探险，与死亡作斗争，给人类以食粮。"大地之母"成为女英雄的一个象征，相关的神话更关注人类与自然的终极平衡以及和谐相处。

在阿纳特神话里可以清楚地看到这一点。暴风女神阿纳特既是巴力的妹妹，也是巴力的妻子。这个故事不仅象征着农耕跟自然的斗争，同时也象征着完整与和谐来之不易。给干旱的土地播撒雨水的巴力神，他自己也不断地跟魔怪、混乱和崩溃诸力量进行创造性的斗争。死亡、贫瘠和干旱之神莫特(Mot)是巴力神最大的威胁，莫特不断地把沃土变成不毛之地。某一天，巴力受到莫特的袭击，面对莫特，巴力被恐惧所压倒，毫无抵抗力地放弃了对抗。莫特把他嚼碎了吃下去，就像在吃一口美味的羔羊肉；莫特强迫巴力下到阴间，进入亡灵的国度。从此，巴力再无法用雨水滋润土地，草木干枯凋零，大地悲伤弥漫。巴力之父埃尔——典型的"至高神"——也束手无策。当他听到巴力的死讯，他从高高的王座上下来，披上粗麻丧服，在传统的葬仪上哀哭失声，并且悲恸地割破了自己的脸颊；但这一切都无济于事，他无法拯救他的儿子。巴力唯一的救星就是阿纳特。她满怀忧伤和愤怒，在大地上漫游，疯狂地寻找着她的另一个自我，她生命的另一半。在古叙利亚的神话文本中，女神思念丈夫，"就像母牛思念小牛，或像母羊思念羔羊"[36]。它表明这位怒火中烧的母神早已失去了理智，跟一只母兽在幼子遭遇危险时所表现出来的暴怒一模一样。当阿纳特发现巴力的尸骸后，她为他举行了一次盛大的葬礼，对"至高神"埃尔发表了一通激烈的抱怨之辞，然后开始出发四处搜寻莫特。找到莫特之后，她挥动手中那把仪式用的镰刀，把莫特的身体劈成两半，用筛子筛他，将他烤得焦干，把他塞到磨盘里碾成齑粉，然后把粉末撒遍大地。阿纳特的行为方式几乎就是农夫收割谷物的翻版。

我们缺乏完整的资料，所以不晓得最后阿纳特是如何让巴力复活的。不过考虑到巴力和莫特都是神，所以他们谁也不可能彻底被毁灭。他们之间的战争还将继续下去，每年的收成都相当于从死神的牙缝里虎口夺食。在另一个版本里，阿纳特不仅让巴力复活过来，而且还给他注入了新的勇气，因此当他再次受到莫特进攻时，他给了莫特迎头痛击。于是，雨水重新降临大地，山谷流淌着蜂蜜，天空降下了珍贵的"油雨"。在故事的结尾，巴力和阿纳特再度团圆结合，象征着一切完满自足——这最后演变为新年的一种欢庆仪式。

我们在埃及神话里也发现了类似的模式，只不过女主角伊西斯的威力要逊色于阿纳特。埃及的第一位国王奥西里斯（Osiris），把农业技术传授给他的子民。而他的弟弟塞特（Seth）觊觎王位，寻找机会谋杀了奥西里斯。奥西里斯的妹妹和妻子伊西斯走遍了大地的每一个角落，去寻找他的尸骨。找到奥西里斯的尸体后，她只能让他恢复一部分的生命力，让自己受孕，生下荷鲁斯（Horus），让丈夫的生命在儿子身上得到延续。而后，奥西里斯的身躯被分成碎片，像种子那样埋葬在埃及大地的每一片土地上。他成为亡灵世界"道特"（Duat）的统治者，同时兼管一年一度的收成。[1]收割和打谷成为隐喻奥西里斯死亡和肢解的仪式化象征。死亡之神通常也是丰收之神，揭示出了生命和死亡的循环往复、生生不息。你不可能把它们割裂开来。死而复生的神仿佛是宇

---

[1] 在埃及神话中，奥西里斯原是埃及国家和典章制度的创建者。其弟塞特用计将他杀死，割裂其尸，弃于四方。妹妹伊西斯到处寻找，收集碎尸拼合起来，并化作一只鹰，伏于尸上，感而有孕，生子荷鲁斯。荷鲁斯长大成人后，立志报仇，打败塞特，并使其父复生。奥西里斯深受古代埃及人的信仰和崇拜，他不仅是植物生长之神和丰产之神，还被尊为善良之神（与恶神塞特完全对立）、冥世之王和亡灵的审判者，他的复活则进一步加强了关于来世生活的猜想。——译者注

宙进程中的一个缩影，可比诸季节的消长变换。这类神话的要旨表明，虽然最后获得新生，但这些死去活来的植物生长之神总是多灾多难，并带有血腥味，而且生命力量永远都无法得到彻底的胜利。

这在美索不达米亚女神伊南娜进入冥界的神话中得到了清晰的印证。这个神话可被解读为阴间版的启蒙仪式，它记录了死后重生的死亡体验。伊南娜冒险下达冥府倒不是出于善意的动机，我们从不完整的资料里大概能看出，她的目的是为了篡夺妹妹——冥府女王、生命女神埃蕾什基伽尔（Ereshkigal）的王位。在进入埃蕾什基伽尔的天青石宫殿之前，伊南娜要穿过地狱之城七重城墙的七道大门。每一次，城门守护神都要阻拦她，并迫使她脱下一件衣服。因此，等伊南娜最后闯关成功，出现在妹妹面前时，她已经脱得一丝不挂了。不过伊南娜的阴谋并未得逞，七位冥府判官判了她死刑，她的尸身被钉在了柱子上。

最后，伊南娜还是被其他神灵救了出来。她被一群可怕的恶魔送了出来，犹如凯旋一般，重返大地。当她回到自己的国度，发现她的丈夫——年轻俊美的牧羊人杜木兹（Dumuzi）居然坐在她的宝座上。伊南娜一怒之下，判处杜木兹死刑。杜木兹落荒而逃，恶魔们趁机追上他,试图强迫他填补伊南娜离开冥府后留下的空缺。最后双方达成协议——每年都被一分为二,杜木兹和他的妹妹基什提南娜(Geshtinanna)轮流到冥府陪伴埃蕾什基伽尔,每人轮值半年。无论如何,伊南娜的地狱冒险已经改变了整个世界。杜木兹现在已成植物之神,由于他的缺席而导致季节更替。当他回到伊南娜身边,大地将万物复苏,羔羊出生、五谷发芽,很快就将迎来丰收的季节。而一旦他下到冥府,在那半年之内,大地将经历漫长的夏季干旱。面对死亡,没有最后的胜利者。[1]在苏美尔的诗篇里,该神话以一句呼告结束:"哦,埃蕾什基伽尔,你的荣耀何其伟大!"37而女人们的心情是如此的凄惨,她们的挽歌令人哀泣,尤其是杜木兹的母亲,她的言词何等哀恸:"在悲伤处悲伤,这是他活过的地方,此刻他却像一头还没长大的公牛,倒毙在大地上。"38

母神伊南娜不是救世主,反而是死亡与悲伤的根源。她的冥府之旅相当于一个启蒙仪式,我们所有人

---

[1] 伊南娜下冥府的故事影响深远,主要是从尼普尔和乌尔两套泥板整理出来。在《吉尔伽美什》中,"纯洁的伊南娜"下冥府不是为了夺权,而是为了参加妹夫古伽尔安纳的葬礼,被埃蕾什基伽尔杀害后,天神为她求情,冥府同意另找一个人来代替。杜木兹逃到妹妹家藏起来,最后,出于对他妹妹的惩罚,由他们俩轮流各死半年。——译者注

都必须遭遇的转变仪式。伊南娜进入死亡之域与妹妹会面——后者其实就是伊南娜的镜像：一个被埋葬起来的、隐而未现的自我。埃蕾什基伽尔代表了终极真实。在大量起源于新石器时代的神话里，与母神的相遇意味着英雄人物的终极冒险、最高的启示。掌管生命与死亡的埃蕾什基迦尔也是一位母神，不断生育繁衍。为了接近她并获得真正的洞察力，伊南娜不得不放弃了自我保护的武装——全部衣物，并抛掉自我，让旧我死去，与她的对立面和敌意握手言和并接受无法忍受的现实，即没有死亡、黑暗和丧失，就不可能有生命。[39]

与伊南娜相关的仪式集中在故事的悲剧性方面，却从来没有庆祝过她与杜木兹在春季来临时的复合。由于它代表着最基本的生存法则和生存体验，因此对伊南娜的崇拜被广泛传播。在巴比伦人那里，伊南娜被称为"伊什塔尔"（Ishtar），在叙利亚人那里被称为阿斯塔特（Astarte）或亚舍拉。在近东地区，杜木兹被称为坦木兹（Tammuz），他的死令那里的妇女悲泣不已[40]；在希腊，他化身为阿多尼斯（Adonis），因为闪族妇女为失去了她们的"主"阿敦（Adon）而哀悼，因而为他取名为阿多尼斯。阿多尼斯的故事也在斗转星移中演绎变化,但在最初的形式中,它与苏美尔神话的基本结构完全吻合,即一位女神把她年轻的爱侣亲手交给了死亡。[41]类似狩猎时代的大女神、新石器时代的母神,这表明尽管男人貌似强大,但实际上女人却更为有力,更能掌控一切。

这一点,在希腊神话德墨忒耳和她的女儿珀尔塞福涅(Persephone)的故事中也是显而易见的。这则神话几乎可以肯定产生于新石器时期。[42]德墨忒耳是谷物女神,她保护着五谷生长、大地丰收。当冥王哈得斯(Hades)诱拐了珀尔塞福涅之后,德墨忒耳悲痛万分地离开了奥林匹斯山的神座,在大地上游荡。在狂怒之下,她让谷物颗粒无收,威胁要饿死人类,直到她的女儿科尔(Kore,即"女孩")归来。危机迫在眉睫,宙斯立即派出神使赫尔墨斯(Hermes)去拯救科尔。但不幸的是,她在冥府受骗吃下了石榴籽,因而不得不陪着哈得斯——她现在的丈夫——每年在冥府里度过四个月的光阴。在与女儿团聚之时,德墨忒耳才会解除禁令,大地重现一片生机。

这不只是一则单纯的自然寓言。德墨忒耳的仪式与播种和收割有着明显的不吻合之处。珀尔塞福涅像种子那样进入大地,但是在地中海地区,一粒种子用不了几个星期就能发芽，并不需要仪式中的四个月时间。它和伊南娜神话都是关于女神消失和回归的神话。实际上，它是一则关于死亡的神话。在古希腊，谷物女神德墨忒耳也是死亡女神，主管着雅典附近厄琉西斯（Eleusis）秘密教派的神秘祭祀活动。那是一些秘密仪式，有点像旧石器时代的启蒙仪式，要求入教者（mystai）接受死亡的不可避免性，它是生命不可缺少的部分。由此，个体克服了对死亡的恐惧。对于那些入教者而言，这一冗长而强烈的启蒙仪式将神话的意义深深刻在他们的心中。哪怕是诸神，都无法对抗死亡。科尔不得不永远在冥府和人间穿梭。如果没有这位少女象征性的死亡，那么，大地上将失去五谷，失去食物，也失去生命。

我们对厄琉西斯的秘密仪式知之甚少。不过，如果参与敬拜仪式的入教者被问及，他们是否相信珀尔塞福涅真的如神话所描述的那样进入地府，可能他们也会为之困惑。神话在这个意义上是真实的——无论在何处,你都将看到生命与死亡不可分割,看到大地会死而复生。死亡不可避免,且令人恐惧战栗,但那并非最后结果。如果砍掉一棵植物,扔掉枯枝,它还会再发新芽。农业文明把人类引向一种新的乐观主义——如果可以这样说的话。[43]种子死去是为了在大地上产出粮食,芟剪枝条是为了植物生长,并催生新的枝叶。厄琉西斯的启蒙仪式表明,直面死亡才会带来灵魂重生;正如植物需要芟剪枝叶一样,这是人类的一种精神修剪。它不会带来永生——只有诸神才能永生——却能让你在大地上生活得更加坦然无畏、充实自足,平静地面对死亡的降临。事实上,我们每天都在面对死亡:旧我不断死去,自我每日更新。在新石器时代,关于生死转换的神话和仪式有助于人们接受必死的命运,步入生命的下一个阶段,并获得成长和改变的勇气。

第四章
早期文明
(约公元前 4000 年—公元前 800 年)

THE EARLY
CIVILISATIONS

大约在公元前4000年，人类文明又向前迈出了重要一步：首先是在美索不达米亚和埃及，随后在中国、印度和希腊，人们开始建造城市。如今，大部分早期文明都已经消逝得无影无踪，但是在"新月沃地"即今伊拉克一带，我们仍然能在某些对城市生活的祝颂神话里寻觅到早期文明迈向都市化的蛛丝马迹。当时，人类正变得越来越具有自我意识——人们能够在各类艺术创作中彻底地自我释放和自我宣泄，书写的发明也让人们创作出不朽的神话文学。此刻，他们进入了历史性的时刻：在各个城市，一切都在加速发展，人们也愈来愈明确地意识到事物之间的因果关系。新技术使城市居民对环境的控制更游刃有余，并日渐从自然界分离出来。那是一个激动人心的时代，一个人类获得自由和自尊的时代。

但这些翻天覆地的变化也加剧了人们强烈的不安感。有人说，历史是一个不断毁灭的过程，每前进一步都意味着毁灭逝去的东西。[44]美索不达米亚的城市就是一个明证，那里的泥砖建筑需要长期修葺和定期重建，新的建筑往往就建立在被夷平的旧建筑废墟之上。这个不断衰败和兴建的过程被纳入了新的城镇规划艺术中。[45]文明曾经如此辉煌，却又如此脆弱不堪。一座城市会戏剧化地成长壮大、繁荣昌盛，但这往往只是昙花一现，它们很快就会急遽衰落下去。当某座城邦实力超出对手，就会对其尽情掠夺——战争、屠杀、革命、驱逐，无所不用其极。这些毁灭性的手段意味着人类费尽千辛万苦才建立起来的文明要被一再推倒重建，然后再度重蹈覆辙。人们担心生活又将回到原始的野蛮状态——在人类的早期文明史上，这种恐惧一直挥之不去。就这样，新的城市神话交织着担忧和希望，开始反思秩序和混乱之间永无止境的纠缠争斗。

因此，有人将文明视为一场灾难也不足为奇。《圣经》的作者们认为文明是人类被逐出伊甸园后与神分离的标志。城市生活似乎带着与生俱来的暴力，充斥着杀戮和剥削。建造城市的开山鼻祖该隐（Cain）就是世上的第一个谋杀者[46]，而且，恰巧又是他的后裔发明了各式各样的文明技艺：犹八（Jubal）是"所有弹琴吹箫之人的祖师"，土八该隐（Tubal-cain）是"打造各样铜铁利器的祖师"。[47]巴比伦巍峨壮观的金字塔形神庙给以色列人留下了深刻而不良的印象——它就像异教徒狂妄自大的缩影，彻底为自我膨胀的利欲所驱动。以色列人将庙塔称为"巴维尔塔"或"巴别塔"（Babel）；因为据《圣经》记载，为惩戒建造者，神就"变乱天下人的言语，使众人分散在大地上"[48]，而"巴别"就是"变乱"之意。

但美索不达米亚人将城市视为他们可以与神相遇的地方，这是对"失乐园"的一次重建。远古的人类祖先曾幻想爬上矗立于世界中央的神圣山峰,走进天堂、谒见诸神,如今城市的金字塔形神庙取代了旷野的高山。诸神已经莅临城市,就在这些仿照天上宫阙兴建的神庙里,与尘世男女比邻而居。在远古世界,每座城市都是圣城。他们的祖先曾将狩猎和耕作视为神圣活动和圣礼仪式,而早期的城市居民则认为他们的文化造诣本质上是神圣的。在美索不达米亚,诸神教会人们建造神庙;而智慧之神恩基(Enki)更是皮匠、铁匠、理发师、建筑工、陶工、灌溉技术人员、医师、音乐家和作家的守护神。[49]他们深知自己正在从事一项非凡事业,它将会永远地改变人类的生活;他们坚信自己一手建造的城市无与伦比,因为它创造了史无前例的历史。他们欢享着诸神的创造力——诸神已为混乱制订了新的秩序。

但古以色列人因为神庙而对美索不达米亚人发出的指责并不确实,他们并没有犯下傲慢骄矜之罪。美索不达米亚人清醒地意识到,尽管他们身居巍峨壮观的城市,但与那依然构成他们日常生活背景的诸神的世界相比,人类的生活便显得黯然失色且转瞬即逝。他们的城市只是失乐园"迪尔蒙"[1]黯淡的影子,如今那片乐土仅供诸神和极个别非同寻

---

[1] Dilmun,迪尔蒙是已经消逝的重要古代文明之一,巴比伦认为迪尔蒙是人的被造处,即乐园的所在地。——译者注

常的人类居住。他们敏锐地意识到，文明就像人类的生命那样，脆弱而又短暂。在埃及，四面群山环护，成为抵御外敌的天然屏障，也令整个国家既相对独立而又紧密相依；尼罗河水的泛滥不仅肥沃了埃及的土地，也孕育了人类成就的伟大自信。而在美索不达米亚平原，底格里斯河和幼发拉底河经常肆虐，往往带来毁灭性的破坏——一次倾盆而下的骤雨令田地顿成泽国，一场灼热的风暴将土壤扬为尘埃，加上连年不断的入侵威胁，生活朝不保夕、极不安全。人们需要英雄人物横空出世，去对抗大自然野性未驯的力量和破坏力，去保护人类文明。美索不达米亚人的洪水神话尤其表现了他们的恐惧心理。由于缺乏天然屏障，美索不达米亚平原上的河流常常突然改道，河水泛滥成灾并带来惨重损失。一次洪水，在埃及是一种赐福，在美索不达米亚却往往是政治及社会崩溃的一个隐喻。

每次步入一个新的历史时期，人类都会改变他们对人性和神性的观念。早期文明中的大众变得越来越现代化，他们比历史上任何时候的人类都更明白，他们就是自己命运的主宰。因此，他们看待诸神的方式自然也和人类祖先大相径庭。人类已经站到了舞台中心，诸神正日渐远去；他们不再是自明之物，正在变得遥不可及。新的城市神话将洪水视为神人关系恶化的预兆。在美索不达米亚最长的洪水神话史诗《阿特拉哈西斯[1]》[50]中，诸神像大地上的人类一样，是城镇的规划者。诸神挖掘灌溉用的沟渠、开辟乡村居所，被无休止的劳作弄得筋疲力尽，闹起了罢工。于是母神创造出人类代替诸神承担这些枯燥单调的粗活。但人类迅速繁衍、喧哗吵闹，很快就把风暴之神恩利尔吵得无法入睡，他决定淹没整个世界，用这种残酷的手段来控制人口。但水神恩基想救出阿特拉哈西斯——苏鲁巴克城（Shuruppak）一个"绝顶聪明的男人"，恩基跟他情谊深厚。恩基要阿特拉哈西斯先造一艘船，并教会他防水的造船工艺。由于神的出面干预，阿特拉哈西斯像挪亚一样，救出了全部家人和一切生物的种子。不过，当洪水退去后，诸神自己也被洪水肆虐所带来的灾难惊得目瞪口呆。在美索不达米亚神话中，洪水象征着诸神从人类世界隐退的开端。恩基带领阿特拉哈西斯夫妇来到迪尔蒙。他俩成为唯一能够永生并与诸神亲密相处的人。此外，这个神话史诗还赞美了在神的启示下发展起来的科学技术，正是它挽救了人类。像现代社会一样，日新月异的美索不达米亚文明及文化成为神话关注的新中心。

与现代不同的是，在诸神隐退之时，美索不达米亚人在日常活动中仍保持着对超验性的高度敏感。每座城池都被视为

---

[1] Atrahasis，阿特拉哈西斯在大洪水中的角色类似于挪亚，但比挪亚的神话早了一千五百年，在不同的神话里，他还有其他名字。——译者注

某位特定保护神在人间的领地，每一位公民——从城市的最高统治者到最卑贱的体力劳动者——都在为这位神效力，无论他是恩利尔、恩基还是伊南娜。人们仍然恪守着亘古不变的哲学，将大地上的一切存在都视为天上实体的复制品。城邦由长老会统治着，所以美索不达米亚人相信神界也有同样的"诸神会"治理众神。他们还通过自身的经验作出如下推断：正如人类的城市文化是从小型农业社区发展而来的，与乡村野地的自然节律息息相关，诸神必然也经历过类似的演变。[51]

从此，巴比伦的创世神话就在史诗作品的残篇断简中保留下来，并因其开篇字母而得名《埃努玛·埃里什》[1]。我们现在看到的神话文本只能追溯到公元前2000年的上半叶，不过其中包含着更早期的资料。[52] 史诗以神谱开端，首先揭示诸神的诞生过程。创世并非"无中生有"，而是一个逐渐演化的过程——第一批神从神圣的原初物质中诞生，那是一片潮湿的混沌之物，诸神还不曾显形。咸水和苦水混在一起，天空、大地和海水尚未分开；诸神自身处在"无名、无质、无

---

[1] *Enuma Elish*，巴比伦创世史诗，认为世界创生于水中。现代神话学认为，它是希伯来上帝和希腊神话创世母题的共同来源。它被刻在七块泥板上，也称"创世的七块泥板"。——译者注

性"[1]的状态。53从"混沌之水"中出现的第一批神是与元素分不开的,因此阿普苏(Apsu)意即"淡水"之神,提阿马特[2]意即"咸水"之神,牧牧(Mummu)则是升腾如雾的水神。他们的名号也可被译为:"深渊""虚空"和"无底深坑"。

这些原初之神仍然没有清晰的形状,也没有活动能力。不过,脱胎于这些原初之神的新的神都是成双成对地出现,不断演变进化,每一对新出现的神都比先前的神更加清晰。当神圣元素彼此分离时,一个有序的宇宙就形成了。首先出现的是淤泥(水和泥土混合在一起),分别是拉赫姆(Lahmu)与拉哈姆(Lahamu);然后是安舍尔(Ansher)和基舍尔(Kishar),代表地平线和海平线;最后是天空之神阿努和大地之神埃阿。不过,这个谱系神话不单纯是对神性进化的形而上的推测,这也是对美索不达米亚的重要思考,它是一个建立在淤泥之上的冲积平原。神性世界再次成为人类世界的对映体。诸神的诞生不可能脱离当地的风俗地貌:

---

[1] 事物有了名字就意味着被创造,"无名"即尚未被创造。巴比伦人的这一观念影响了中世纪的唯名论。——译者注

[2] Tiamat,巴比伦神话中象征黑暗的初始女神,狮身鹰翅蛇尾,后被天空之神所杀,用她的身体创造了世界。——译者注

在美索不达米亚最古老的城市埃利都（Eridu），这个沼泽般的潟湖曾使该聚落得以生存，它环绕着祭祀中心，被称为阿普苏。神话也见证了美索不达米亚的新兴城市居民逐渐与自然界分离的过程。

新的神灵更为强大，足以推翻其父母——阿普苏沉入地底，埃阿和阿努建造了自己祭祀和议事的宫殿，而且就建造在阿普苏俯卧的尸体上。城市建筑记录了美索不达米亚宇宙观的高峰时刻。但提阿马特仍然是个潜在的危险。她创造出一群强壮的怪兽为阿普苏复仇。在这场激战中，唯一能打败提阿马特的就是伟大的埃阿之子马杜克（Murduk）。经过一番殊死搏斗，马杜克胜利了。他站在提阿马特庞大的尸身上，像剖开一个巨大的贝壳似的将尸体一举劈成两半，创造了天空和大地，这就是将来人类的栖居之所。他颁布天界律法、创办诸神会，建立起一个新的宇宙秩序。最后，几乎只是想了一下，马杜克就即兴用战败的神的血和一抔尘土创造出世界上的第一个人。此举表明诸神并没有把自己封闭在自足的超然之中，而且人类和整个自然世界都起源于同样的神圣物质。

神话中诸神的翻云覆雨恰好折射了人类的发展进程，人与神的发展是一致的。它反映了美索不达米亚城邦的演变,它抛弃了古老的农业社会(如今看来其已落伍),并通过军事力量建立了城邦。在神话中,马杜克正是在胜利之后创建了巴比伦城。位于城市中心的埃萨吉拉[1]神庙,对应着天上的马杜克神殿;它巍然高耸于其他城市建筑之上,作为"无限天堂"的象征,成为诸神尘世的居所。城市被命名为"巴比拉尼"(babilani)——"诸神之门",亦即神进入人间的入口。诸神在埃萨吉拉神庙排好座次,用神圣的祭典庆祝"宇宙万物各得其所,隐蔽的世界自我呈现,诸神各就其位"[54]。从此以后,这座城市就可以取代"黄金时代"的宇宙轴心(axis mundi),成为新的天地桥梁。

在《圣经》中同样有迹可循——耶和华在杀死提阿马特似的海怪后创造了世界。[55]这类创世说在中东地区十分流行,它折射出人们当时的文明观:文明是一场持续不断的战斗,是一场与压倒性优势抗争的巨大努力,从而阻止人类倒退到未开化的蛮荒时代。每到新年的第四天,巴比伦人都将吟唱史诗《埃努玛·埃里什》。这部史诗跟其他神话叙事具有一个共同点:它们都描述了发生在神圣的"每一刻"的神秘而不可

---

[1] Esagila,巴比伦当时最主要的神庙,呈金字塔形。Esagila意为"大房子";其庙塔称为Etemenanki,意为"天地基础的房子"。——译者注

言说的事件；它不像普通的历史事件那样，一旦结束就永不再来。"创世"是个漫长的过程，人们需要对抗无序，需要神圣力量将混乱与灾祸拒之门外。

在远古时代，一个象征与其不可见的所指是无法分割的。象征的意义就在于以某种相似性使不可见之物得以显现。庆祝新年的象征性仪式就是一出戏剧，而且，就像一切神奇的戏剧情节那样，它将彻底打破时间与空间的藩篱，把参与者和观众们一同从世俗的关注中解脱出来。在这个"信以为真"的神圣游戏中，崇拜者感到自己被投入构成日常生活背景的永恒的神圣领域——宰杀一只替罪的羔羊以抵消垂死岁月；模仿战斗场面以再现马杜克对抗提阿马特的创世之战；举办农神节[1]以重演宇宙之初的混沌无序，人们在纵情喧哗狂欢中羞辱统治者并选举一位狂欢节的新"国王"登基加冕。这种仪式化的解体，将唤起人们类似于萨满在其启蒙仪式及精心安排的"通过仪式"中所先后经验的心理崩溃和生命复苏。在远古的精神传统中，任何创造都必须先象征性地复归于原

---

[1] Saturnalia，农神节是古罗马最重要的祭祀狂欢节，从12月17日到12月23日连续七天，这也是冬至的时间。这段时间里，所有的买卖都停止，奴隶获得暂时的自由，人们互相交换礼物。在农神节上要推选狂欢节的"国王"和"王后"来取代地上的统治者。——译者注

初的混乱。[56]

众所周知,创世神话从来不向人们提供生命起源的真实信息。在远古,述说宇宙起源的神话一般会在敬拜仪式上念诵,或在一个人们感到需要注入神圣能量的极端时刻,比如新年、婚礼或者加冕礼,人们即将开始一项探索未知的新的冒险之时,其目的并非为了告知,而是主要用于心理治疗。当人们面对迫在眉睫的灾难、希望结束一场争端或治愈疾病时,就会向创世神话寻求力量;他们认为,这样就可以从"永恒能量"中汲取足够的养分来支撑人类的存在。神话和仪式似乎旨在提醒人们,"否极"之后才能"泰来",生存和创造需要一场献身的斗争。

另一种宇宙论更重视献祭,认为自我牺牲才能实现真正的创造。在印度的吠陀神话中,创世就是自我献祭的结果。宇宙巨人普鲁沙[1]将自己奉献给诸神,诸神用肢解的方式拿他生祭;整个宇宙和构成人类社会的各阶层就是用他的身体创造的,因而它们本身就是神圣和绝对的。在中国,有另外一个关于巨人盘古

---

[1] Purusha,在吠陀神话里,普鲁沙是一个拥有千头、千目和千足的巨人,也被称为"原人""元我"和"神我"。众神把他生祭了,从巨人之口诞生了婆罗门,腕生了王族,腿生了平民,脚生了奴隶。接着口中生了雷神因陀罗、火神阿耆尼,最后头生了天,肚脐生了空,足生了大地,耳生了东西南北。——译者注

"开天辟地"的著名神话,他劳作了三万六千年之久[1],终于创造了一个适合人类居住的世界,而这位神话英雄则筋疲力尽地倒地死去。这一母题在中东的战争神话中也有表现。提阿马特、莫特和利维坦(Leviathan)并不是邪恶的化身,他们只是在扮演他们在宇宙中的角色——在宇宙从混乱中形成秩序之前,他们的角色就是死去并被肢解。生存法则和社会文明都建立在他者的死亡和毁灭之上;无论是神还是人,除非他们随时准备好自我献祭,否则不可能具备真正的创造力。

迄今为止,神话的核心一直是诸神之间或原型祖先之间的创世斗争及丰功伟绩,而都市神话首次切入到人类自身的历史世界。因为人类对自己的能力和独创性已经具备了更强大的信心,人们开始把自己视为独立的动因,并日益成为神话叙事的主体,而诸神则日渐远去。诗人们开始重新诠释古老的神话。在巴比伦史诗《吉尔伽美什》[2]中就可初见端倪。吉尔伽美什很可能是一个历史人物,生活在公元前2600年前后。

---

[1] 据说盘古在混沌的"蛋"中孕育了一万八千年,又为了把天地分开而撑天一万八千年,总共三万六千年。随后盘古又继续支撑了好多万年,才因体力不支而倒下。——译者注

[2] Gilgamesh,巴比伦古代英雄史诗,歌颂乌鲁克第五代执政王吉尔伽美什的非凡业绩,其中记录了大量的神话传说,是苏美尔文学最重要的成果。——译者注

据记载,他是美索不达米亚南部乌鲁克(Uruk)的第五位国王,后来成为民间传说中的英雄。最早的传说讲述了他和仆人恩基度(Enkidu)的冒险经历,他的壮举带有典型的英雄色彩和萨满色彩,譬如降伏怪物、造访冥府、会见女神等。后来这些故事被赋予更深刻的意蕴,发展成为对永生的追寻。但是在公元前1300年左右写成的最后版本中,神话还探究了人类文化的局限和意义。

在史诗的开头,吉尔伽美什是一个内心迷失了方向的男人。他性情暴躁,荒淫无道,人民怨声载道,向诸神乞求帮助。诸神听到了他们的怨言,但显然不愿再直接卷入人类的事务,而是通过一个中间人来行动。他们决定给吉尔伽美什制造一个真正的对手——恩基度,希望他们相互争斗,从而让乌鲁克获得宁静。恩基度是个野蛮的原始人,喜欢在乡间野地横冲直撞。他毛发杂乱,赤身露体,吃青草充饥,饮脏水解渴,就是一个"太初之人"[57],野性十足,与野兽相处比跟人类相处更自在。为了驯服恩基度,吉尔伽美什派了个妓女莎姆哈特(Shamhat)去教化他。在跟莎姆哈特一起过了六个夜晚之后,恩基度发现他再也没法回到自然的动物世界里——纽带已经被割裂了。恩基度得到了文明的启蒙，但有所得必有所失，动物们全都离他而去。同样地，恩基度虽然有所失但亦有所得，他变得"更深刻"，"更像一个神"了。[58]他获得了人类的智慧和教养，这使他能够享受乌鲁克复杂的生活方式，它远远超出了人类的自然状态，感觉就像神圣的生活。

吉尔伽美什和恩基度成为好友，开始了他们的冒险之旅。他们在游荡中遇见了伊什塔尔。在更古老的神话中，和母神的婚姻通常象征着终极的启蒙和英雄探险的高潮，但吉尔伽美什却拒绝了伊什塔尔。这是对传统神话的有力批判，因为它已经不能完全满足城市居民的精神需求。吉尔伽美什并不认为文明是神的事功，相反，他指责象征神圣者的伊什塔尔破坏了文明：她就像是那浸湿搬运者的盛水皮囊、那夹痛主人之脚的鞋子、那挡不住风的门。[59]她的每一段关系都不能长久，她的每个爱人最终都会毁在她的手里。[60]凡人最好不要跟这些不负责任的神灵打交道，以免祸及自身。吉尔伽美什，这个文明人的先辈，掷地有声地发表了他神圣的独立宣言——从此以后，诸神和人类最好各行其是。

伊什塔尔愤而报复，让恩基度患病而死。悲痛万分的吉尔伽美什被"凡人终有一死"的处境所困扰，心情更为抑郁。他想起了大洪水中的幸存者、被赐予永恒生命的圣者——在诗歌中被称为乌特那庇什提牟（Utnapishtim）的人，于是前往迪尔蒙拜访他。但是人类再也无法恢复原初的精神性，这次对神圣世界的探寻之旅正好象征着一次文化上的倒退——吉尔伽美什在大草原上游荡，不修边幅、披头散发，身上只有一件狮子皮蔽体。他活像一位萨满，追随着太阳的轨迹，穿越不毛之地，甚至深抵冥府，上下求索着"诸神的秘密知识"[61]。然而，当他最终到达迪尔蒙之后，乌特那庇什提牟却告诉他，永生是神的安排，而现在诸神不会再为了给人类恩典而违背自然规律。古老的神话不再是一部人类希望的指南。迪尔蒙之旅颠覆了古老的神话叙述方式。《阿特拉哈西斯》从神的角度讲述了大洪水的故事，但《吉尔伽美什》却是乌特那庇什提牟讲述的他自己在大洪水中的遭遇，例如他的大船在下水时遇到种种困难，以及面对毁灭一切的滔天洪水时他的反应。[62]此外，新老神话形成的反差还在于：老神话更关注神圣世界而非凡尘俗务，新神话却更关注尘世男女；在这部史诗中，历史人物吉尔伽美什拜访了神话人物乌特那庇什提牟。当诸神从人类世界撤退时，历史开始影响神话。[63]

吉尔伽美什不仅没能从诸神那里得到永生的恩典，反而得到了人类难逃一死的痛苦教训。他决定返回文明世界。他洗净肮脏的身体、脱掉身上的狮皮、梳理杂乱的头发，重新穿上干净的衣服。此后，他集中精力治理国家，修筑乌鲁克城墙、培育各种文化艺术。虽然他的肉身终将离开尘世，但他的丰功伟业却将永垂不朽。而据传由他发明的文字则让他的成就流传后世。[64]乌特那庇什提牟通过与神对话而变得明智，而吉尔伽美什则学会了在没有神的帮助下反思自己的经历。他舍弃了不着边际的幻想，却获得了"完全的智慧"，归来时他"疲倦不堪但是最终顺从了人类的命运"。[65]他终于走出了远古神话的幻象，而历史对他亦有慰藉之道。

古希腊神话也出现了类似的"旧瓶装新酒"，对古老神话进行再诠释。例如阿多尼斯的神话，就是对杜木兹与伊什塔尔故事的重新演绎，并把它转述为一个政治神话。[66]阿多尼斯没有公民资格，因为他是一个毫无前途的猎手，根本无法通过古希腊的青少年成年仪式，因为该仪式要求加入者须经过严格的狩猎考验。阿多尼斯成了两位女神的跟班，从未脱离过女性世界。希腊公民通过家庭这个最小单位被统一到城邦之中，而阿多尼斯却是乱伦的产物，本身就有悖伦常；

似乎是一种宿命，他自己也没能建立起正常的家庭。[1]阿多尼斯的生活方式被划归到不负责任之列，有点像被雅典人抛弃的暴政——一种让国王凌驾于法律之上的体制。阿多尼斯的节日充满了女人们肆无忌惮的哀号，因而为男性当权派所厌恶。简而言之，阿多尼斯的神话被诠释为政治弱智，这有助于雅典人界定他们城邦的气质——冷静的、男性化的，并将一切与之背道而驰的事物用虚拟的神话进行批判。

都市生活改变了神话。诸神已远，古老的仪式和故事逐渐失效，它们再也无法将世人投射到神性领域之中，那个曾经近在眼前的神圣世界如今已是可望而不可即。古老的神话幻象曾经滋养过他们的祖先，而今，人们却对其置若罔闻。城市分工日益精细，治安管理日见成效，盗贼被绳之以法，而诸神似乎对人类的困境越来越漠不关心。人类的精神真空出现了。在文明世界的各个角落，旧有的精神信仰衰落了，却又没有新的精神信仰崛起并取而代之。最终，这一不安的情绪又将导致另一个伟大的变革。

---

[1] 在希腊神话中，阿多尼斯是国王忒伊亚和女儿乱伦的产物。在他出生后，爱神阿芙洛狄特就爱上了他，把他交由冥后珀尔塞福涅照管，没想到阿多尼斯长大成人后，冥后也爱上了这个美少年。两人争夺不下，最后由宙斯来判决，阿多尼斯跟每位女神各住四个月，剩下的时间由他本人自由打发，后来阿多尼斯被野猪咬死，爱神伤痛不已，冥后深受感动，特许阿多尼斯每年返回人间半年，陪伴爱神。——译者注

CHAPTER 5

第五章
轴心时代
(约公元前 800 年—公元前 200 年)

THE AXIAL AGE

公元前8世纪左右，这种不安感席卷了整个大地。人类文明史上出现了四个非同一般的地区，那里分别涌现出一批先知和圣人，孜孜不倦地寻找着新的解决之道。德国哲学家卡尔·雅斯贝尔斯（Karl Jaspers）把这段时间称之为"轴心时代"，认为这是人类精神发展史上最为核心的一个阶段；人类在轴心时代所获得的精神遗产，一直传承至今，并对现代人仍然起着至关重要的作用。[67]此外，如我们所知，"轴心时代"还标志着宗教的开端。人们开始以前所未有的自明性去思考人类自身的本性、处境和局限性。在轴心时代，新的宗教和宗教体系竞相崛起——中国的儒教和道教、印度的佛教、中东的一神教和欧洲的希腊理性主义。横空出世的圣贤先知成为轴心时代一个象征性的标志：公元前8世纪至前6世纪的希伯来先知；印度《奥义书》（*The Upanishads*）的圣人和佛陀（约公元前563年—公元前483年）；中国的孔子（公元前551年—公元前479年）和《道德经》的作者[68]；公元前5世纪的希腊悲剧作家苏格拉底（公元前469年—公元前399年）、柏拉图（公元前427年—公元前347年）和亚里士多德（公元前384年—公元前322年）。

轴心时代至今仍留下很多不解之谜。比如，我们无法解释，为什么轴心革命只发生在中国、印度、希腊和犹太文明中，而没有出现在早期文明极为发达的美索不达米亚或埃及。唯一可以确信的是，轴心地区都被卷入了剧烈的政治、社会和经济动荡之中，战乱连年，流徙不断，兵戈四起，无数城市毁于一旦。在动荡不宁的变革之中，旧有秩序被彻底颠覆，新的市场经济迅速成长，权力从祭司或王公大臣之手转移到新兴的商人阶层手里。这些新的变化并非萌生于沙漠或山区等穷乡僻壤，而是在带有资本主义气息和拥有高度金融化的城邦背景下兴起的。然而，这些剧变仍然无法完全解释轴心革命的形成，它以独特的方式在人类与其自身、与他人以及与周围世界之间都建立起一种新的联系，从而在人类文明史上留下了无法磨灭的印记。

所有的轴心运动都有着共同的要素——人们有着更强烈的苦难意识，并把它视为人类社会不可或缺的组成部分，因此，人们迫不及待地需要一种更为精神化的宗教信仰，而不是过分依赖外部的仪式及实践。人们开始注重个人的内在良知和道德。从此以后，敬拜者必须努力超拔到一个新的层次——尊重自己的同类，而不仅仅是小心翼翼地完成各种传统仪式。在当时的暴政之下，圣人们主张明哲保身，提倡慈悲和正义的伦理。他们教导门徒和弟子对真理进行自我认知，而非听信祭司或其他宗教权威的训示。人们应该怀疑一切、不可轻信教条；那些一直被视为天经地义的旧有价值观，都必须经受批判和检验。在诸多需要重新审视的领域中，神话首当其冲。

对于古代神话的态度，不同地区的轴心运动立场并不完全一致，存在微妙的差别。某些文明对部分神话抱有敌意，而另一些文明则采取自由放任的态度。不过他们都不约而同地以更内在化、更伦理化的方式来诠释神话。城邦生活的出现令神话受到考验，它不再被视为理所当然。人们虽然不断用理性来审视和批判神话，但一旦涉及灵魂的神秘，他们还是不由自主地将目光转向更为古老的神话。尽管神话经常被改得面目全非，但神话的存在还是必不可少。如果改革者们试图铲除某个神话，那么他们将会发现，这个神话很快就会披着某种伪装改头换面卷土重来。人们意识到，哪怕是建立起更为深奥微妙的宗教体系，宗教仍不能离开神话而独立存在。

然而，轴心时代的人们已经不能再像他们远古的祖先那样轻而易举地体验神圣了。在部分早期城邦居民的意识中，诸神已经开始退场了。轴心国家的人们依然渴望着超越体验，但此时诸神已经远去，只留下一个正在消逝的背影。在人神之间，一条难以跨越的鸿沟出现了。人类再也不相信人神同性，更不相信人神同源。早期希伯来神话曾经创造过一位平易近人的神，他像朋友似的跟亚伯拉罕吃饭聊天[69]；但到了轴心时代，这位神却变得天威难测——他要么危及人类的生命，要么让人们战战兢兢的。[70]在印度，佛教徒认为只有通过修炼令凡夫俗子望尘莫及的瑜伽术、艰难而彻底地改变自己的意识，才能达到神圣的涅槃境地。而耆那教徒则奉行严厉的禁欲主义，有些极端的修行者甚至因绝食而死。在中国的儒家学说里，"道"作为至高无上的实在已经远离尘世，因而不可言喻。[71]这一切都表明，古老的"神人同形同性"说已成明日黄花，宗教体验开始走上截然不同的道路，神话必须要有所改变了。

在接下来的论述里，中国所占的比例不大，因为具有高度文明的中国人"不语怪力乱神"，缺少相应的神话传承。在中国古文明里，找不到关于诸神战争、诸神之死或神圣婚姻的传说。中国没有正式的神殿，没有宇宙进化论，也没有拟人化的神。同时，城乡地方都没有保护神，也缺少崇拜仪式。但这并不意味着中国古代社会没有神话基础。中国最重要的神话仪式是祖先崇拜，它指向一个先于人类世界而存在的先验世界。在中国人看来，祭祀长逝而去的祖宗和先人能为社会提供一种理想化的社会秩序典范，它以家族关系为依托，建立起长幼尊卑的礼教法度。江河、星辰、风云等物质都具有一种内在精神，与代表天空的"帝"

神(后来被称为"Tian",即天神)合而为一。中国的"昊天上帝"跟其他神话体系的"天空之神"命运不同,它不仅没有随着时间的推移凋敝退隐,反而越发强盛起来。在商朝[1],皇帝即"天子"的正统性和合法性来源于他是唯一能接触天的人,而且,根据永恒哲学,天子就是上帝在尘世中的"复制品"——在1911年辛亥革命之前,这一天人对应的神话在中国长盛不衰。尘世的政权对应着天上的统治,臣子辅佐天子一统天下就像天神辅佐玉皇大帝治理宇宙一样。

中国文明似乎比其他文明更早地开始了对轴心时代的精神的求索。公元前1046年,来自渭河流域(今陕西境内)的一群人推翻商朝,建立周朝。周朝人宣称,由于最后一任商王乱政,天神为免其子民受苦受难,故将天下的统治权交给了周朝——这则神话赋予"天"以伦理人格。为了庆祝这一天命秩序,周朝人以一套繁复的"礼乐"仪式祭天,其"乐"动人心魄。这种"礼乐"仪式本身就被视为社会和谐的神圣象征。所有的社会成员,无论是在生者还是逝者,都

---

[1] 约公元前1600年—公元前11世纪中叶,商朝的世系年代无定说,此为一种说法,另有约公元前1562年—公元前1066年、公元前1766年—公元前1122年之说。——译者注

要遵循这套仪式。因此,一切存在——祖先、人类和神明——都各安其位;每个个体都应该放弃自己的好恶臧否,完全服从于礼乐制度——它是宇宙完美秩序在人间的复制,用以弥补尘世的缺陷。在这一制度下,礼乐的重要性远甚于人,个体必须屈从于"礼乐",那才是天道和人间政治的共同基石。

到了孔子时代,周朝开始走向衰落,旧有秩序一触即溃。孔子把周朝衰败的原因归结为"礼崩乐坏";他认为以礼乐治人,可以教导人们举止有常。礼崩乐坏的结果就是导致人们把伦理纲常抛在脑后,一心追求个人利益。古老的神话揭示出创造的实质就是自我牺牲,而轴心时代的圣人则试图将它更为清晰地贯彻到伦理价值体系当中——要具备完善的人格,就必须在日常生活中实践这种自我牺牲精神。[72]孔子将古老的礼乐制度和轴心时代的伦理价值合为一体,提出"仁"的观念,要求人们"爱人"。[73]在历史上,孔圣人第一个说出了这样振聋发聩的金玉良言:"己所不欲,勿施于人。"[74]轴心时代的精神要求内审和自省,这是一种对内在自我的深度审视。首先要反省自身的欲求、动机和好恶,才能举止得当;而对他人的尊重礼让称为"恕"[75](即将心比心)。

孔子意识到，仅凭行动的决心或者理性的反思都不足以做到"恕"。对私心杂念的彻底超越必须通过"礼乐"熏陶。因为，一切伟大的艺术都较理性思维更能陶冶人性。[76]但仅有礼乐还不够，还要领悟礼乐背后的精神内核，它谆谆教导人们彼此相"让"，以克服骄矜、忿戾和嫉恨之心。[77]当人们按礼乐仪式的要求，互相作揖致敬，并处处礼让他人为先时——所有这些都伴有恢宏庄重之"乐"——他们将学到在日常生活中如何为人处世。此外，孔子回顾了过去的楷模。虽然中国没有神话体系，却有英雄崇拜的传统，其实这些英雄正是神话人物，但被当成了历史人物。孔子从"五帝"当中选取了两位他心目中的英雄，第一位是尧，他不仅确立了中国的礼乐制度，而且还展示了"让"的美德——他发现自己的几个儿子都不能成大器，就选拔了以贤德著称的乡野农夫舜作为帝位的继承者。舜就是孔子的另一个德治楷模。他为人大公无私，尽管父亲兄弟屡屡加害于他，他却越发恭谨地伺候父母、爱护兄弟。

不过，如果我们理解正确的话，孔子认为礼乐比这些神话英雄更重要。在吠陀时代的印度，也出现了类似状况。当时，隆重的祭祀仪式反而令被祭祀的诸神黯然失色。诸神只能从宗教信仰的舞台上缓缓退场；公元前8世纪左右，宗教改革者推出新的仪式，把独自冥想的个体推向前台。从此，人们再也不能依赖神的帮助了，他们必须通过仪式为自我创立一个秩序坦然的世界。印度人把这一力量称为"梵"（Brahman），它被认为是高于诸神的终极真实，具有无穷无尽的力量，并维系着世界的存在。时至今日，印度人仍能在宗教节庆中体验到欣喜若狂的状态，即"出离自身"（anya manas），它完全不同于庸常的世俗经验。中国和印度文明对仪式的重视提醒我们，不能离开神话的语境去孤立地解读它的含义。神话和敬拜仪式难分轩轾，交互传播着神圣感受；不过，仪式通常占据着优先的地位。

然而，除此之外，轴心时代的圣人还要强调第三个要素——若想理解神话的真意，不仅需要参与到仪式中去，还要按正确的伦理态度来处世。只有在生活中完全贯彻了孔子的"仁""让""恕"，你才能理解尧舜传说的真谛，否则它只不过是一则抽象晦涩的神话。在印度吠陀时代，宗教仪式的核心为"业"（即因果报应）。不过佛陀对这些献祭仪式毫无兴趣。他把"业"重新定义为激发我们日常行为的内在动因。[78]我们的每一个动机都出于内在的"业力",因而精神修炼比仪式崇拜更加重要,与外在行为一样重要。这就是典型的轴心时代革命,它不仅深化了人们对道德和神话的理解,还令两者更为内在化。神话离不开行动。而轴心时代的圣人教导人们,若不在日常生活中陶冶同情正义之心,就不能理解神话的全部含义。

公元前3世纪左右出现的《道德经》(其作者一般被认为是老子)也对传统仪式持否定意见。老子用类似于印度瑜伽术的"修心"来代替"礼"。他觉得文明是一个错误,让人们偏离了正"道"。老子的理想是一个民风质朴的农耕黄金时代,即"小国寡民",那时没有科技,没有艺术,没有文化,也没有战争。[79]中国人认为,这个美好的黄金时代在神农氏死后就宣告结束了——神农氏是中国神话中的一位文化英雄,他曾经尝遍百草以确定其药性,曾经一天就中毒七十多次。公元前3世纪,强大的政权经过连年征战,吞并了众多弱小的部落和氏族之后,关于神农氏的神话也出现了变化。他被视作一位理想的统治者。传说神农氏曾治理过一个权力下放的国家,他与臣民一起扶犁耕田,身边没有辅臣,也没有制定法律或惩罚措施。此后,理想主义的隐士们避世隐居,试图重建神农的理想;

而《道德经》提出"小国寡民"的治理之道，与此一脉相承。最好的处世之道就是退让隐居、低调行事、无为而治，坐等暴政自取灭亡。

诚然，和轴心时代的所有导师一样，老子不仅关注人们的生存之道，同时也试图在动荡不宁的世道里寻找超然物外的精神之道。他渴望终极真理，即超越了诸神列鬼的"道"，它超越了一切可名之物，乃天地万物不可言说之基础。如果我们能修养内在心性，"致虚极守静笃"，去私欲、去贪婪，心怀慈德，就能守道自处；只有"绝巧弃利"，彻底弃绝文明社会的功利追求，才能"道法自然"。[80]老子不仅把黄金时代的神农视为德政理想，同时也从隶属大众文化的传统神话中汲取道教的养分。道乃生命之始、德政之范，亦是万物之母。史前人类的大母神显得凶神恶煞，但在轴心时代的精神光照下，她被老子赋予慈德和无私的禀性，富有化育万物的真正创造力。[81]史前人类曾以穿过地下通道的方式模拟性地重回子宫，而老子则以理想化的、人格完美的圣人范式来重回自然之道。

老子和佛陀都很乐意用古老的神话来诠释新的理念。佛陀曾严厉谴责吠陀时代的仪式主义，指责他们献祭动物不仅残忍而且毫无用处，但他却轻轻放过了传统神话。他并不认为神明灵验，但他愿意与神话相安无事，而不愿对神话发起意识形态上的进攻。佛陀甚至经常借用传统神话的概念，巧妙地给神明赋予新的象征意义，比如，至尊神梵天、恶神摩罗，等等，在他的开示里，这些神成为他内心状态的投射，或者各种精神冲突的化身。[82]

而以色列的先知要严厉得多。他们全力以赴地跟一切妨碍轴心革命的古老神话作斗争。在近东地区，以色列人同时敬拜亚舍拉、巴力、伊什塔尔和他们自己的神——耶和华。这种敬拜仪式和宗教习俗已经沿袭了数百年之久。进入轴心时代之后，耶和华神愈来愈显得生疏遥远，何西阿、耶利米和以西结等一批先知断然采取行动，开始对以色列古代拟人的神话下手。他们攻击古代神话空洞无物，错谬百出，唯有耶和华神才是唯一真神，耶和华超越一切的超验存在更反衬出这些过时神话的苍白无力。先知们的神话观引发了一场对偶像崇拜的大论战。据《圣经》记载，耶和华为争夺诸神会的领导权挑起了一场论战，他对出席诸神会的诸神进行审判，指责诸神与他一道享用祭祀却缺乏正义、慈爱和意志力等轴心时代的美德，所以，他们将会被淘汰，并像凡人一样死去。[83]约书亚、大卫、犹太国王约西亚等以色列的文化英雄，更是暴力清扫一切异教崇拜[84]，讥讽巴力和马杜克的神像乃是口不能言耳不能听的人造之物，是匠人花几个工时就能打造出来的金银工艺品。[85]

这种态度显然是对中东异教崇拜的一种简单化处理。不过，宗教史告诉我们，一旦某个神话不再给予人们超验启示，它就会被束之高阁。信奉唯一真神的一神教诞生之初就面临着与多神教的冲突。很多以色列人依然受到古老神话的诱惑，与之抗争是一项长期而艰巨的任务。他们感受到痛苦的撕裂——自己所在的民族正从其他各民族的神话世界里分裂出来，日渐成为神话世界的局外人。我们能在耶利米哀歌中切身体会到这种撕裂感，上帝所经历过的痛苦，甚至致使他四肢抽搐。在宗教狂热分子以西结的奇特经历中我们也能看到同样的苦楚，他顺服上帝的指示吞食秽物，被上帝禁止哀悼妻子之死；他的心里充满着恐惧和无法克制的战栗。轴心时代的先知意识到，他们把人民带到了一个未知的世界——在那里，没有什么是理所当然的，不准再用过去的方式生活、反应。

最终，痛苦不安的心得到慰藉，他们获得了掌控自然的自信，一个名为"犹太教"的宗教就这样诞生了。

具有讽刺意味的是，这种全新的自信竟然来自于一场空前的大灾难。公元前586年，巴比伦国王尼布甲尼撒（Nebuchadnezzar）攻占耶路撒冷，摧毁了耶和华的圣殿。大批以色列人流落巴比伦，难民们被驱逐到高耸的埃萨吉拉大神庙和其他神庙外面，经受日晒雨淋。巴比伦城的崇拜仪式极为繁杂，然而此时此刻，异教崇拜对以色列人已经完全丧失了吸引力。我们看到一种崭新的精神气象出现在《创世记》的开篇——它很可能是由"祭司派"成员集体撰写的典籍——它以心平气和、沉着冷静的口气对神话创世论提出挑战。在这平和、规整的行文里，新的创世说泰然自若地表达了对巴比伦创世神话的质疑。不同于巴比伦的马杜克神，以色列的神不须要通过死伤惨重的战争去创造一个新世界，他只须轻轻地发出一个指令，就能不费吹灰之力地创生天地万物。日月星辰、苍天大地都不再具有神的位格，不仅不像古代神话中的诸神那样与"至高神"为敌，反而完全听命于耶和华，因为它们都是由耶和华为纯粹的实际目的而造的。海里的怪物也不是满怀敌意的提阿马特，而是由神创造、为神效命的造物。与马杜克神相比，耶和华的创世实在是太过高超，以至于直到今天都无须被重写或更新。当巴比伦诸神正忙于跟诸恶魔浴血战斗并需要通过新年祝祷仪式恢复元气时,耶和华却轻松地完成了工作,在第七天就宣告休息了。

不过以色列人倒是很乐意采纳中东神话,只要合适就顺手拈来。《出埃及记》横渡红海的事件就明显被写成了一个神话。[86]在神话传统上,浸在水里本身就意味着一种"通过仪式";其他神话也不乏诸神在创世之际把海水劈开两半的情节,只不过《出埃及记》里讲的不是创世神话,发生奇迹的对象不是混沌宇宙,而是一个逃亡的民族。公元前6世纪活跃在巴比伦的先知第二以赛亚,清楚准确地宣告了一神教信仰。毫无疑问,他确信耶和华是唯一真神,对抗已然消失。然而,同时他又不自觉地退回到古老的创世神话,认为耶和华像其他中东神灵一样,战胜了海怪之后才创造了世界,并把对始源之海的胜利等同于《出埃及记》里分开红海的神迹。以色列人期待着在这个时代出现同样的神迹,因为上帝已经应许他们,要将他们从流放之地带回故土。巴比伦史诗《吉尔伽美什》的作者把古代历史和神话传说混为一谈,但第二以赛亚走得更远。他把远古时代的创世行为跟当下的事件联系到了一起。[87]

在希腊,为轴心革命推波助澜的是"逻各斯"(理性),它以不同于神话的方式开启了人们的智慧。神话需要情感性的参与和仪式性的模仿，才能让人们获得神秘体验，而"逻各斯"却诉诸批判理性，以严谨的研究来确立真理。在古希腊殖民地爱奥尼亚（今土耳其），第一批物理学家试图为古老的宇宙神话找到一个合理的基础。不过，这一科学事业仍然停留在原始神话和原型架构之中。在某种程度上，这更像是对巴比伦史诗《埃努玛·埃里什》的一次追忆，他们认为，世界的起源并不是出于神的主动，而是根据某些宇宙法则，从原初材料中创造出来的。对阿那克西曼德（Anaximander，约公元前611年—公元前547年）而言，万物的本原（arche）不同于任何人类经验。他将之称为"无定"，创造世界的元素就从"无定"的冷热交替中生产出来。他的学生阿那克西美尼（Anaximenes，约卒于公元前500年）认为本原是无定之"气"，而赫拉克利特（Heraclitus，约生活于公元前500年）则认为世界的本原是一团"永恒的活火"。早期的思索就如古老的神话一般充满虚构，因为一切都无法得到证实。诗人色诺芬[1]发现这一点后，并始反思人类思想的局限性。他试图发展理

---

[1] Xenophanes，约公元前540年—公元前500年，他是苏格拉底的弟子，诗人及哲学家，其生卒年代另一说为约公元前570年—公元前478年。——译者注

性神学，借以剥落希腊诸神的人格化特点，并设计出更符合科学理性的自然主义之神（the phusikoi），一种抽象的、非人格化的力量，代表至善但永恒不变，且全知全能。

爱奥尼亚物理学代表了希腊轴心期精神的发轫，但毕竟有志于此者寥寥无几。公元前4世纪，在哲学思潮根深叶茂之前，雅典人发展了一种新的仪式类型——悲剧的演出[1]，它在宗教庆典上庄严地再现古代神话，让人们得以近距离地观摩神话。希腊悲剧诗人埃斯库罗斯（Aeschylus，约公元前525年—公元前456年）、索福克勒斯（Sophocles，约公元前496年—公元前405年）和欧里庇得斯（Euripedes，公元前480年—公元前406年）把诸神送上了审判席，让观众来充当法官。神话不单受到质疑，还需要一种深度的自我认同。希腊悲剧跟传统神话拉开了一定的距离，并开始追问希腊神话中最根本的价值观——神是否公义？英雄主义的价值何在？何为希腊精神和民主的价值？希腊进入了一个过渡期，一个老式神话开始与城邦的新政治

---

[1] Mimesis，其希腊词根为μImηδI，通译为"模仿，模拟"，但是赫尔曼·科勒（Hermann Koller）等学者经过重新溯源和分析，认为其意主要为"表演""扮演"和"饰演"，至于模仿是后来派生之。此处依赫尔曼·科勒的说法中译。——译者注

现实脱节的时期。像俄狄浦斯（Oedipus）这样的英雄仍然被交托给传统神话体系，但诸神谁也没法帮他摆脱困境。神话中的英雄可以通过战斗获胜，或者至少部分地解决问题；但悲剧英雄却找不出这样的出路。他们陷入痛苦、困惑和混乱之中，他们必须作出选择，并接受自己的命运。

尽管悲剧在一定程度上起到了破坏偶像的作用，但它还是被归类于传统仪式之中。悲剧也像其他宗教仪式那样，将个人幽寂的悲伤带入了公众视野，使之成为集体分享的对象。但悲剧也带来了巨大的突破——在历史上，内心生活首次进入到城邦的宗教生活。希腊悲剧会在酒神狂欢节上演出——酒神狄奥尼索斯（Dionysos），亦即迷狂之神，他在雅典青年的生活中扮演了一个重要角色。这不仅是一种启蒙仪式，同时还能帮助他们成为更合格的公民。如同其他启蒙仪式，悲剧也要强迫观众去面对那无法言说的东西，并由此获得终极体验。这接近于一种献祭意识，因为它导向净化（katharsis）——观众对悲剧产生怜悯和恐惧的情绪，身心受到极大的震撼，从而导致内在的净化。这种新的献祭形式浸透着轴心时代的怜悯精神，因为观众一旦学会了设身处地去体会他人的痛苦，就会更富于同情心和人性。

柏拉图不喜欢悲剧，是因为它太过于情感化。他认为悲剧基于人类灵魂的非理性弱点，而人类必须通过"逻各斯"才能实现彻底的自我完善。[88]他把神话比作老妇人的传说故事，只有逻辑和理性话语才能带来真正的理解。[89]柏拉图关于永恒的理论可被视为古代神性原型神话的哲学版本，其中真实世界只不过是神性原型的影子。不过，柏拉图提出的爱、美、公义和美德等理念既不能被直觉所感知，亦不能通过对神话仪式的洞察来领悟，只能通过心灵的理性力量来汲取。亚里士多德与柏拉图看法一致。他认为古代神话难以理解："他们把神或出于神的东西当作本原，他们说凡是没有尝过花蜜和神的食物的都变成了凡人……至于这些原因的意义到底是什么，就超出了我们的理解。"亚里士多德把神话当成哲学文本来阅读。从科学的角度来看，神话简直是废话连篇，每一个追求真理的人都应该转向"求助于那些通过论证来推理的人"。[90]这样看来，哲学研究导致了神话和逻辑间的裂痕，而此前二者一直是互补的。

还不仅于此。柏拉图虽然不能容忍神话，但还是允许它充当另一个重要角色——在哲学话语无法抵达的渊源之处进行探索。我们不能用"逻各斯"来言说"善",它虽然身为存在和知识的源头,但它自身并不是一种"存在物"。另外,诸如宇宙的初创和诸神的降生,似乎受制于盲目的因果律,并且被非理性污然,因而无法得到清晰的表述。这类事件一旦进入哲学范畴,我们就不得不满足于一种似是而非的神话式叙述,而不去追究它的真实性。[91]例如,当柏拉图描述灵魂时,他便退回到东方远古的转世神话之中。[92]亚里士多德也承认,尽管某些关于诸神的神话十分荒谬可笑,但神话传统的基础——"所有最初的物质都是神"——却是"真正神圣的"。[93]

这就是西方思想史当中的一个基本矛盾。希腊"逻各斯"是反神话的,但哲学家们却继续使用神话,或把它视为原始理性思维的先驱,或把它当作宗教话语体系不可或缺的文本。的确,尽管古希腊理性主义在轴心时代取得了里程碑式的巨大成就,但它并没有影响到希腊宗教。希腊人继续向诸神献祭,参加厄琉西斯的神秘仪式,欢庆他们的异教节日,一直持续到公元6世纪——这时,东罗马帝国的皇帝查士丁尼一世(Emperor Justinian Ⅰ)开始残酷镇压异教徒,并把基督教的神话大张旗鼓地推向了历史舞台。

第六章
后轴心时代
(约公元前 200 年—约 1500 年)

THE POST-AXIAL PERIOD

迄今为止，我们一直在回顾那些促使人类重新修改神话的诸多因素，它们主要集中在知识、精神和社会革命这三方面。轴心时代过后，时间又向前推进了一千多年，但人类历史上再也没有发生过能与之相提并论的大变革。无论是在宗教层面还是在精神层面，我们依然没法走出轴心时代圣人和哲学家们为后世确立的价值体系。从轴心时代直到16世纪，神话的地位基本保持不变。在接下来的后续历史时期，我们会将目光集中投向西方——不仅因为新的历史变革将发轫于此，同时也是因为西方人发现神话有问题。我们同样将重点关注西方宗教，因为"一神教"的三大宗派都宣称，它们的信仰更多地建立在历史而非神话基础上；而其他主要文明并没有表现出这种自相矛盾的冲突。印度人在神话的原型世界里自得其乐；佛教作为一种相当深入的心理学宗教，把神话视为最早的心理学范本，因而二者相安无事；在儒学思想中，礼乐仪式比神话叙事更受重视。与此形成鲜明对比的是，犹太教徒、基督教徒和穆斯林的神在历史上是活跃的，人们在日常发生的事件里就能"见证"神的存在。那么，神迹确是一个事实或"仅是"一个神话？柏拉图和亚里士多德对神话的不安态度对西方思想史产生了深远的影响，因而，一神教信徒一直企图把宗教和哲学的理性标准统一起来，但大多数人最终会得出这样的结论：这是一个错误。

对其他民族的神话，犹太教的表现显得十分矛盾。一方面，它似乎很抗拒外来神话；但另一方面，它又不时利用异族神话来揭示犹太教的教义。更有甚者，犹太人还一直不断地创造更多的新神话，其中之一就是基督教。耶稣和他的第一批信徒都是深深根植于犹太精神之中的犹太人，这在圣保罗身上尤为明显——可以说，圣保罗就是那个使耶稣转化成神的信徒。这种说法不带任何贬义。耶稣是一个真实历史人物，大约在公元30年被罗马人处以极刑；当时他的门徒认定，在某种意义上，耶稣已经从死中复生。事实上，如果一个历史事件不能被神话化，它就无法成为宗教启示的灵感之源。一个神话需要不断地用旧瓶装新酒，在神话意义上，一度发生之事就是永久发生之事。一个事件需要从它的时间性里被解放出来，并在当代史的诠释中获得新的生命，否则它就不过是一个独一无二、不可重复的偶然事件，或者是无法真实触及人类生活的历史事件。我们已经无法知道，在以色列人出埃及和穿越红海的路上到底发生了什么，因为史实已经被写成了神话。要正确理解每个神话，必须通过某种"转化仪式"，它会将神话真正带入每一代信徒的生命和性灵之中。因此，神话要求将"仪式"付诸实施，例如，《出埃及记》要求犹太人通过逾越节仪式培养一种崇尚自由、拒绝接受奴役并反对压迫他人的神圣价值观——好几个世纪以来，逾越节仪式令这个神话成为犹太人精神生活的支撑,他们从中学到,每一个犹太人都要把自己视为从埃及逃出来的那一代以色列人。仪式实践和伦理呼应双管齐下,就这样,神话虽已终止于遥远的过去,却在当下的事件里绽发出新的生机。

这也正是圣保罗对耶稣所做的事情。他对耶稣的训示没多大兴趣,所以很少引用,也不太关心耶稣的尘世生活。圣保罗在《哥林多后书》里写道:"虽然凭着外貌认过基督,如今却不再这样认他了。"[94]最重要的是耶稣受死和复活的"神秘"——这个词与希腊的神话有着同样的词根。保罗就这样把耶稣从时间性的束缚里解放出来,把他改造为一个死后复活的神话英雄。在他受难之后,耶稣变成了永恒的神话英雄,被"升擢"到至高无上的地位,获得"超乎"万名之上的荣名。[95]每个人,只要经过洗礼仪式——这其实是一个以浸在水里实现的"转化仪式"——就能体验到耶稣之死,并分享耶稣的新生命。[96]耶稣不再是一个历史人物,而是基督徒生命当中的精神基石,他们试图通过礼拜仪式和伦理规范活出基督的样式。[97]基督徒不再"凭着外貌"去认信他,他们将凭着邻人、凭着查经和圣餐仪式与基督相遇。[98]他们认信这一神话为真,不是因为历史证据,而是因为他们已然经历了转化体验。耶稣之死和耶稣复活作为一个神话,拥有神话最重要的特质:一度发生之事就是永久发生之事,它将不断在当下重现。

基督教是后轴心时代对轴心时代一神教的重建，伊斯兰教也是如此。穆斯林认为先知穆罕默德（约公元570—632年）就是旧约先知和耶稣的继任者。他带给阿拉伯人的圣典《古兰经》，无疑与神话有着千丝万缕的联系。每一节诗篇都被称为"ayah"，即一个寓言。所有先知——亚当、诺亚、亚伯拉罕、摩西或者耶稣，他们的故事都被称为"ayah""寓言"或"比喻"，因为我们只能借用符号和比喻来言说神圣之物。阿拉伯语qur'an（古兰）的词意是"吟诵"——圣典不能像通俗读本那样独自阅读，人们应该在清真寺里大声吟诵神圣的经文。此外，穆斯林必须完全遵守《古兰经》的戒律才能逐渐领悟真道。

由于传统宗教的神话维度，犹太教徒、基督教徒和穆斯林继续使用神话来解释他们的见解或者应对危机。三大宗教的神秘主义者均求助于神话。神秘主义（mysticism）、神话（myth）和神秘（mystery）都来自于希腊词根musteion，意即"闭上眼睛或嘴巴"，它们均指向暧昧或不可言说之物，它超越了语言的范畴，脱离客观世界，而抵达内在深处。神秘主义者可以依靠集中注意力冥想，进行灵魂之旅，正如远古英雄们所进行的神秘之旅。几乎在所有宗教都能看到相似的"冥想"方式。神话具有一种隐匿和内在的向度，所以神秘主义者很自然地使用神话来描述神秘经验，尽管乍看之下，这似乎背离了他们的正统观念。

这一点在犹太神秘教派喀巴拉宗（Kabbalah）中也表现得很明显。我们已经看到，《圣经》作者对巴比伦或叙利亚神学充满敌意；但喀巴拉信徒提出的"神性流溢说"却不免让人联想起巴比伦创世史诗《埃努玛·埃里什》中的神谱渐进论。从那未名的、不可知的神性——"恩索夫"[99]（En Sof，即"无限"）——生出十层"神性流溢"[又名"舍非洛特"（sefirot），"数"或"流溢"之意]，十层流溢代表了"恩索夫"从它孤独未名的存在显现给尘世凡人的过程。[1]每一流溢层都折射着启示之光，都有它自己的象征之名。每一层都让人类有限的头脑更容易理解神的秘密。每一层都是"圣言"，同时也是神创世的手段。最后一个流溢层被命名为"舍基纳"（Shekhinah），意为神在此世的存在。"舍基纳"通常被视为女性，代表神的女性面。某些喀巴拉信徒甚至设想，神的阳性元素和阴性元素在神性之中进行交媾，那是一个从完整到分裂再到重新完整的意象。在喀巴拉的一些仪式里，"舍基纳"被视为一个失落的新娘，她从神性世界坠落下来，在世间徘徊、迷失而与神性疏离，渴

---

[1] 喀巴拉神秘主义体系十分复杂，它认为神性隐藏在"无"中，采取用暗号解读《圣经》的秘法建立自己的体系，其思想主要见于《创造之书》《光辉之书》。Kabbalah来源于希伯来语，意为"传统所授智慧"，最初均以秘法相传。十层流溢每一层都代表"恩索夫"逐渐展开启示的一个阶段，包含神全部的奥秘。这十层流溢通常以下列顺序排列：至高无上的皇冠、智慧、知性、爱或仁慈、力量、同情或美、耐力、庄严、根基、王国或舍基纳。——译者注

望重回她的来处。通过严格遵守摩西的律法，就能够终结"舍基纳"的流放，使世界重归于神。在圣经时代，犹太人厌憎当地人崇信阿纳特这类女神——她徘徊在大地之上，寻觅着她的神性配偶并以交媾欢庆她和巴力的复合。但当犹太人试图表达他们对神性的神秘领悟时，这个备受谩骂的异教神话却获得了犹太教徒的默许。

喀巴拉的神秘主义观点似乎没有从《圣经》那里得到授权，不过在现代社会之前，人们都自然而然地接受神话不存在"官方"版本。在那个时代，人们可以随心所欲地发展新神话，或者对古代神话叙事进行改头换面的再诠释。喀巴拉信徒并不是从字面意义解读《圣经》，他们采用了一种暗号解读体系，《圣经》经文里的每个单词都有可能指向"流溢"。比如，在《创世记》的第一章，每一小节其实都能理解为另一个意义，并能从中找到隐藏起来的神的历史。由此，喀巴拉信徒甚至可以自由设计一个创世神话，其结果很可能与《创世记》的叙述没有任何相似之处。1492年，由于西班牙天主教君主费迪南和伊莎贝拉无法容忍犹太教，犹太人被卷入一场大驱逐，他们已经不再相信《创世记》中平静有序的创世神话了。因此，喀巴拉信徒以撒·卢里亚（Isaac Luria,1534年—1572年）便推出了另一个截然不同的创世故事，其中神的作为充满了错误的开始、爆炸、暴力逆转和灾难，它导致"容器破裂"，万物错位。[1]卢里亚派离经叛道的喀巴拉异端邪说不仅没有吓倒犹太人，反而还引发了一场轰轰烈烈的犹太教群众运动，这从另一方面折射出16世纪犹太人的悲惨经历。但神话并不是孤立的——卢里亚创造的特殊仪式、冥想方式和伦理戒律，为神话赋予新的生命，并且成为全世界犹太人生活中的精神现实。

在基督教和伊斯兰教的历史上也有类似的情形。当罗马帝国在西方衰落之后，北非希波主教圣奥古斯丁（354年—430年）重新诠释了亚当与夏娃的神话，并发展了"原罪"的神话。由于亚当一人的悖逆，神对全人类发出了永恒的诅咒，这就是人的原罪——这个观点其实在《圣经》里缺乏依据。原罪通过性行为遗传给亚当的后裔，而性行为业已被淫欲玷污，充满毫无理性的快感；它来自人的动物性而不是来自神性，这就是原罪的永久性恶果。淫欲淹没了性爱、上帝被

---

[1] "容器破裂"是卢里亚创世说的要点。"容器破裂"的根源是恶的存在，每个流溢层都有相应的容器保持它的"光"，保持存在物的理想秩序，但是到了较低的六个流溢层，因光的冲击力太强而令容器破裂，世界混乱。——译者注

抛诸脑后、肉体毫无羞耻地耽于彼此的狂欢。这幅理性被感官混乱与肆意的激情所击溃的景象，恰似罗马的衰落——作为西方理性、律法和秩序发源地的罗马，竟被蛮族的进攻所摧毁。西方基督徒把原罪神话视为至关重要的教义，但罗马拜占庭的希腊东正教对此并不认可，他们不认为耶稣之死是为了把人从原罪中救赎出来，他们宣称哪怕亚当无罪，上帝都有可能"道成肉身"。

在伊斯兰教中，神秘主义者也同样发展成为神的离去和回归神话。据说，先知穆罕默德曾经在耶路撒冷的圣殿山（Temple Mount）演示过神秘的升天仪式，登上了神的宝座。[1]这个神话成为穆斯林的精神原型，苏非派[2]把这次升天之旅视为穆罕默德先知完美的"伊斯兰行动"，一个"向神顺服"（Islam，即"服从"之意）之举。什叶派穆斯林则发展了一套关于先知阿里的神话体系，认为只有他的男性后裔才能担任穆斯林领袖伊玛目（imams，"教长"）。每位伊玛目都是

---

[1] 传说穆罕默在加百列天使的带领下，于公元621年7月17日夜晚登山升天，接受天启。后来，伊斯兰教规定，每年回历7月17日为"登霄节"。至今圣殿山还留有穆罕默德登山的脚印。——译者注

[2] Sufis，苏菲派起源于公元9世纪的中亚与波斯地区，是伊斯兰教一个折中的神秘主义教派。——译者注

伊勒木（ilm，"神圣知识"）的肉身化。当这一继嗣最终中断时，他们认为，最后一位伊玛目是"潜藏"起来了，有朝一日他会再来，开启一个公义和平的时代。就这一点而言，什叶派起初是一种神秘主义运动；而且，若没有对"冥思"的特殊教规和精神诠释，这个神话就会失去意义。什叶派当然不希望人们用字面意义去理解他们的神话。关于穆斯林领袖伊玛目的神话看似轻慢了穆斯林正统，其实它是以象征的方式表达了对"神圣"显现的神秘体验，哪怕在这个动荡不宁的危险世界，"神圣"仍然无所不在、近在咫尺。"潜藏的伊玛目"已经成为一个神话，他从历史常态中抽身而出，从时空的局限性中获得自由；而具有不寻常意味的是，当他消失之后，他在什叶派信徒们的生活中反而变成了一个更为鲜活的存在，比他被阿巴斯哈里发囚居在房子里的受难时刻更具生命力。这个故事表达了我们的神圣观：它难以捉摸，可望而不可即，在这世界之内却又不属于这个世界。

但由于希腊思想体系中神话和"逻各斯"的分野，部分犹太人、基督徒和穆斯林开始担心在他们的宗教传统中渗入了太多的神话元素。公元8世纪到9世纪之间，柏拉图和亚里士多德的论著被译为阿拉伯文字，某些穆斯林试图把《古兰经》的宗教"逻各斯"化。他们仿照亚里士多德对第一因的论证，来"证实"真主安拉的存在。被称为伊斯兰"哲学家"的宗教改革者们则力图从伊斯兰教中清除那些原始的神话因素。这是一项艰难的任务，因为哲学家的"神"并不关注凡尘俗务、不在历史中自我显现、没有创世之举并与人类的存在毫无瓜葛。无论如何，"伊斯兰哲学家"还是进行了一些有趣的尝试；跟他们站在同一战壕的是伊斯兰帝国中的犹太人，他们也在试图着手把《圣经》理性化。不过，"伊斯兰哲学家"只是少数派的追求，因而局限于一个较小的圈子。"第一因"也许比《圣经》和《古兰经》的神更符合逻辑，但要让大多数人去对一位对自己如此冷漠的神感兴趣是非常困难的。

意味深长的是，希腊东正教基督徒也瞧不起这种理性化的企图。他们熟知希腊传统文化——柏拉图已经阐明，无论是"逻各斯"还是神话都不能证实"善"的存在。在他们看来，神学研究不可能是一种理性研究。用理性来讨论神圣无异于用叉子喝汤，属于无稽之谈。只有把祷告和崇拜结合起来才行之有效。穆斯林和犹太教徒最后也得出了同样的结论。在11世纪，穆斯林决定将哲学跟灵性、仪式、祈祷和神秘结合起来，神秘教派苏非派成为伊斯兰教的主流，这种情形一直持续到19世纪。与此类似，犹太教徒在经过西班牙大驱逐的苦难之后，发现宗教中的哲学理性无法抚平他们的创伤，因而转向了喀巴拉的神秘神话，它将抵达他们的灵魂深处，触动他们内心的痛苦与渴望之源。于是，他们都回归到神话和理性互补的老路上。医学、数学和自然科学是穆斯林最为擅长的领域，在此"逻各斯"必不可少。而当他们试图追问生活的终极价值和意义、探寻个体的内心世界或者正在经受痛苦的折磨时，他们则会转投神话的怀抱。

在公元11和12世纪，西欧的基督徒们重新发现了柏拉图和亚里士多德的著作，它们随着罗马帝国的衰亡、经历了中世纪漫长的"黑暗时代"，几乎完全失传了。当犹太教徒和穆斯林放弃他们对神话的理性化企图时，西方基督徒却接手了这项任务，并激发出一种极大的热忱，至今都未冷却。他们不再触及神话的意义。因此，西欧成为人类历史下一次伟大变革的发源地就丝毫不足为奇了——尽管，对于笃信神话的人们而言，那是一次极为困难的转型。

第七章
西方大转折时期
(约 1500 年—2000 年)

THE GREAT WESTERN TRANSFORMATION

16世纪是一个新的纪元，人们几乎在按照"试错法"发展着一种崭新的、史无前例的文明。他们先在欧洲进行了尝试，随后，这种新的文明蔓延到另一块土地——它后来成为美利坚合众国的国土。到19世纪和20世纪，这一文明已经如火如荼地遍播全球了。这是人类历史上距离我们最近的一次伟大文明革命，它就像新石器时代的农耕文明和随后的城市文明一样，对人类发展产生了深远的影响，只不过我们直到今天才开始吞下它所带来的恶果。新的文明改变了人类的生活，并把我们带向了万劫不复的困境，它最重要同时也是最为灾难性的一个后果就是"神话之死"。

西方现代文明是"逻各斯"的产儿。跟前现代文明相比，它建立在一种截然不同的经济基础之上。前者取决于农耕社会的风调雨顺、物阜民丰，而后者则建立在资源的技术复制和资本的再投入上。现代社会由此打破了传统文明的束缚，把人类从农耕时代对自然条件的脆弱依赖里解放出来。在此之前，新发明或新点子有可能会因资金问题而搁浅，而现代社会却得天独厚，能够轻而易举且永无止境地进行再生产。农耕文明太过依赖于丰收或水土保持这类外在条件，这是它的致命先天缺陷。在那时，一个帝国若要扩张版图，很容易陷入府库空虚、严重透支的经济危机；而西方现代文明却发展了一种似乎永不枯竭、持续再生的经济模式。西方人不再像前现代文明那样抚今思昔、小富则安,他们开始"向前看"。任重道远的欧洲现代化进程持续了三个世纪之久,最后带来深远的变化:工业化生产、农业文明的转型、政治和社会变革、社会的再分工,等等。最后,它导致了一场知识"启蒙",神话的地位一落千丈,成为人们眼里的无用、虚假、过时之物。

西方文明的重大成就来源于实用主义和科学精神。"效率"成为新的核心语汇。一切都必须行之有效。每个新想法、新发明都需要得到理性证明,并且跟客观世界协调一致。"逻各斯"不同于神话,它是一种以事实为依据、以实践为核心、以实用为目的的思维模式,永远都具有"前瞻性",力争发展变化——比如进一步征服自然或者不断发现新鲜事物。因而,西方社会的新英雄是科学家和发明家,他们为了人类社会的进步而不断探索未知的领域。他们像轴心时代的圣人那样不断打破陈规陋习,但不同的是,他们是"逻各斯"传统下涌现出来的科技精英,而不是神话传统培育出来的精神领袖。这意味着强调直觉、神秘的思维模式要让位于更务实、更合乎逻辑的科学理性精神。就这样,西方人日渐远离神话,甚至彻底丧失了对神话的理解力。

西方出现了一种乐观主义的新气象。人们认为自己已经征服了自然,没有任何清规戒律神圣不可触犯。由于日新月异的科学发明，人们越来越能控制自然、改善环境。随着现代医疗卫生体系的建立、生产技术的革新、交通工具的改进，西方人生活得越来越滋润。然而，人类仍然在永恒追问着自身存在的意义，"逻各斯"却永远解答不了这个问题。神话曾经赋予生活以结构和意义，但此刻，由于"逻各斯"在现代化进程中所取得的辉煌成果，神话已经失去了最后的立锥之地。早在16世纪，危险的征兆便已出现——古老的神话思维正在崩溃，新的思想体系尚未诞生；四处蔓延着麻木绝望和精神麻痹的痼疾，人们普遍滋生出一种无力感和愤怒感——直到今天，我们仍能在处于现代化进程初期阶段的发展中国家看到这一现象。

甚至在16世纪的宗教改革者那里，我们都能看到明显的"异化"迹象——他们正努力革新欧洲宗教，使它更新为简洁、有效并具有现代性。但作为领袖人物之一的马丁·路德（Martin Luther, 1483年—1546年），却饱受阵发性躁狂症的折磨，情绪苦闷压抑；而他的后继者乌尔里希·兹温利（Ulrich Zwingli, 1484年—1531年）和约翰·加尔文（John Calvin, 1509年—1564年）也同时继承了马丁·路德对人类去向的无助感。这是一种时代"痼疾"，它促使路德们去探寻解决之道。基督教的改革表明了一点：在神话意识与正在觉醒的现代精神之间的对抗是何等激烈。在前现代宗教里，象征符号本身乃是它所象征之物的实体,二者外在的相似意味着内在的本质同一性;而现在,宗教改革者认为,"圣餐"等仪式"仅是"一个相对独立的象征符号,圣体并不居其中。例如,弥撒仪式象征基督的神圣死亡,前现代宗教将弥撒解释为耶稣之死的真实再现,它作为一个超越时间性的神秘事件能够在仪式中一再重现;而马丁·路德们认为,弥撒只是对基督之死的象征性追思。《圣经》受到了前所未有的重视,但现代印刷术的发明和文化的普及改变了人们对《圣经》的理解和领悟。此外,默默无声的个人阅读取代了集体性的教堂诵经。人们开始大量阅读《圣经》,不过不再是仪式性地朗诵,而是像对待其他书籍一样,以一种世俗化的心态看待《圣经》,并试图从中汲取实用信息。

现代发明推动了社会发展,但同时也带来了新的难题——生活往往就是如此。例如,新兴的天文学便以一种令人困惑的方式开启了截然不同的宇宙观。尼古拉斯·哥白尼(Nicolas Copernicus,1473年—1543年)对科学研究充满了深深的敬畏感,因为在他的心目中,这正是宗教活动的一部分。然而,他的发现却引发了巨大的骚动和不安。人们一直对创世神话深信不疑,它表明人类跟宇宙是紧密相连的;现在,哥白尼的发现却意味着,人类只不过是在一颗平淡无奇的星球表面上繁衍生息,而月亮也不过是一颗围着地球运转的小行星。他的发现还导致了另一个更严重的后果：人们不能再相信自己的感知了，因为看似静止不动的地球竟然正在人们脚下高速旋转着。此后，人们的看法日益多样化，但同时他们又越来越依赖所谓的"专家"，因为只有他们才能解开自然之谜。

在英国，弗兰西斯·培根（Francis Bacon, 1561年—1626年）发表了科学"独立宣言"，将科学从神话的枷锁下解放出来。在《学问的进步》（Advancement of Learning, 1605年）一书中，他预言了一个辉煌的新时代的来临。科学的进步势不可挡。科学将终结人类的苦难并拯救整个世界。所有的宗教神话都要接受严格的审查，如果它们跟客观事实有所出入，就必须予以抛弃。只有理性才是通往真理的唯一道路。第一个全面吸收了这种经验主义精神的科学家也许是伊萨克·牛顿爵士（Isaac Newton, 1642年—1727年），他在前人的基础上严格采用科学实验和推理原则，成为科学界的集大成者。牛顿毫不怀疑，他正在为人类带来一个前所未有的新世界，一个具有高度可知性的世界；他所发现的宇宙体系与客观事实丝丝入扣、完全吻合，这就证明了上帝的存在——他是一名伟大的设计师，全面操控着宇宙这部极其复杂奥妙的机器并用它创世。

但浸淫在"逻各斯"传统中的牛顿无法走得更远。对他而言，神话和神秘主义所采用的直觉思维只不过是人类思维的粗糙原型。他觉得自己有义务清算基督教中不合逻辑的教义，比如"三位一体"说。牛顿并不清楚，就像犹太教的喀巴拉信徒那样，公元4世纪的希腊神学家把"三位一体"作为一个神话创立了出来。[1]尼斯的格里高利（Gregory，335年—395年）大主教解经时表示，圣父、圣子、圣神并非逻辑实体，它只是人们所采用的术语，用以指称"不可名状、不可言说"的神圣事物。[100]人们不可能运用理性手段来证明三位一体的存在，它比音乐和诗歌的微妙含义更难琢磨。不过牛顿爵士受到"逻各斯"文明的影响，他不能想象除了理性之外还能用什么方式去理解三位一体。在他看来，凡是不能得到逻辑证明的命题都是假命题。"这就是人类宗教信仰中的狂热和迷信成分，"他急切地写道，"他们热衷神秘之物，由此之故，越是无法理解的事物他们便越是沉溺其中。"[101]尽管如今的宇宙学家不再相信牛顿所言的理性之神，但大部分西方人却继承了他的衣钵，视理性高于神话——哪怕在宗教事务

---

[1] "三位一体说"是指圣父、圣子、圣神（新教称之为圣灵）为同一本体（本性）、三个不同的位格，三位格为同一本质，它的核心思想曾在尼西亚大会（第一次大公会议，公元325年）及君士坦丁堡大会（第二次大公会议，公元381年）中通过。但这个词语及其清晰阐述从没有在《圣经》中出现和被直接论述。——译者注

方面亦是如此。他们也像牛顿那样误解了三位一体神话，它的初衷在于提醒基督徒，永远也不要试图把永恒神性进行简单的人格化处理。[102]

此后，科学"逻各斯"主义和神话主义越来越水火不容。在此之前，科学一直都在一套复杂的神话体系内部进行运作，并由神话来阐明科学的意义。当法国数学家布莱兹·帕斯卡（Blaise Pascal，1623年—1662年）沉思无穷宇宙的"永恒寂静"时，身为虔诚教徒的帕斯卡心里充满了恐惧感：

> 看到了人类的盲目和可悲，我在沉默中审视整个宇宙，人类却一点儿光明也没有留给自己，仿佛迷失在宇宙的一角，不知道是谁把他安置在这里的，不知道他是来做什么的，不知道死后他又会变成什么，什么都不知道；这时候我就陷于恐惧，有如一个人在沉睡之中被人带到一座荒凉可怕的小岛上，醒来后却不知道自己是在什么地方，也没有办法可以离开一样。因此之故，我惊讶何以人们在这样一种悲惨的境遇里竟没有陷于绝望……[103]

帕斯卡在此揭示出来的异化景象正是现代性的另一面。

18世纪的启蒙运动似乎驱散了所有阴霾。约翰·洛克（John Locke，1632年—1704年）宣称，尽管神圣存在不可证明，但他毫不怀疑上帝的存在。人类由此进入了一个更加积极的时代。德国和法国的启蒙主义哲学家认为神话和神话信仰已经完全过时了。英国的神学家约翰·多兰（John Toland，1670年—1722年）和马修·廷德尔（Matthew Tindal，1655年—1733年）也持同样的观点。只有"逻各斯"才能将人类引向真理，基督教必须摆脱神话和神秘因素的纠缠。人们试图用理性的言辞来重新诠释神话，但这是一项注定要蒙受失败的新事业，因为神话从来不是，也永远都不是在陈述事实。

荒谬的是，理性时代出现了非理性的分裂。在16世纪和17世纪，"女巫大清洗"运动席卷了整个欧洲的天主教和新教国家，这充分表明科学理性主义并不能阻止思想中较黑暗的力量。"女巫大清洗"演化为一场集体无意识式的盛大狂欢，人们折磨和处死了数以万计的男女。人们相信女巫会跟魔鬼交媾，会飞到空中参加撒旦的邪恶聚会。如果没有强大的神话来解释人们无意识的恐惧，他们会试图将这些恐惧合理化为"事实"。恐惧和非理性本身一直是人类经验的一部分，现在依然如此。新教改革试图把启蒙运动和宗教改革结合起来，其中便冒出了这类不和谐音。被称为"贵格派"[1]的信徒们便常在团契聚会时颤抖、号叫或者呼喊。由为数众多的成功资本家和优秀科学家组成的清教徒，也不得不接受喧哗吵闹的灵修课程以及痛苦不堪的交流训练，对大多数人而言，这都是令人难以忍受的噩梦。人们陷入了绝望之中，有些人甚至因过于绝望而自杀。[104]在新英格兰的"第一次大觉醒"运动[2]中，也能见到类似的症状。每个人都想成为神秘主义者，达到某种程度的属灵境地，但神秘主义并不适合所有人。它要求特别的智慧、灵性和"一对一"的密传心法。如果缺少师承和训练，对神秘主义的狂热很可能会导致集体歇斯底里症发作，甚至精神失控。

到了19世纪，欧洲人开始认为宗教其实是有害

---

[1] Quaker，即"颤抖者"。贵格派，又称公谊会或者教友派，是基督教新教的一个派别。该派成立于17世纪，创始人为乔治·福克斯，因一名早期领袖的号诫"听到上帝的话而发抖"而得名"贵格"。——译者注

[2] 发生在1734—1740年间。18世纪初，在北美发生的属灵复兴运动。美洲的大觉醒和德国的虔敬主义、英国的福音复兴运动性质相同。北美的大觉醒加强了各宗派的融合，美国式的基督教于是产生了。"第一次大觉醒"运动传播了天赋人权的观念，并促使了《独立宣言》的诞生。——译者注

的。路德维希·费尔巴哈（Ludwig Feuerbach，1804年—1872年）认为宗教使人们远离了人性，卡尔·马克思（Karl Marx，1818年—1883年）认为宗教是病态社会的症状。不过，当时的神话宗教确实带来了有害的冲突。那是一个科学的时代，人们希望他们的传统是符合新时代要求的，但如果仅是从字面去理解神话，是不可能做到的。因此，查尔斯·达尔文（Charles Darwin，1809年—1882年）出版的《物种起源》（*The Origin of Species*，1858年）才会引起这么大的轰动。这本书的目的并不是要攻击宗教，而是对一种科学假设的严肃探索。但是因为当时人们把《圣经·创世纪》的神话起源当成事实来看，才会让很多基督徒感到——现在仍然感到——整个信仰体系都被撼动了，变得岌岌可危。创世故事从来都不是百分之百的历史真实；神话的目的是治疗。但是一旦你开始把《创世纪》当作科学依据来读，就会看到坏的科学和坏的宗教。

新高等批评学将现代科学方法应用于《圣经》的诠释上，这也说明仅从字面理解《圣经》是不可能的。《圣经》里的一些说法显然是不真实的。《摩西五经》不是摩西写的，而是在很久以后由一群作者合力完成的；《诗篇》也不是大卫王所写；大多数的奇迹故事都是文学比喻。《圣经》把这些描述为"神话",说白一点,即它们不是真实的。高等批评仍然是新教原教旨主义者所恐惧的事情,他们声称《圣经》中的每一个字都经得起历史和科学的检验——这样的说法是站不住脚的,结果就导致了抗拒和自我防御式的辩驳。

到19世纪末叶,"逻各斯"和神话似乎已经彻底分道扬镳。像托马斯·H. 赫胥黎(Thomas H. Huxley,1825年—1895年)这样的斗士认定,他们已经胜券在握。神话和理性科学已经无法并存,人们必须在两者之间作出抉择。只有理性才能代表真理,而宗教神话则意味着愚昧。但真理已经暴露出自身的局限性,它只包括已被证明和可被证明之物[105],而宗教以及音乐等艺术之"真实"却被拒之门外。现代科学家、评论家和哲学家试图以理性诠释神话,反而将它变成了令人难以置信的"神话"了。1882年,弗里德里希·尼采(Friedrich Nietzsche,1844年—1900年)宣称"上帝死了"。从某种意义上,尼采是对的。人类缺失了神话、崇拜、仪式和伦理生活之后,神圣感就会消亡。人类亲手杀死了上帝——他们把"上帝"抽象为一个概念化的真理,只有依靠批判的理智才能抵达。在尼采《快乐的科学》(*The Gay Science*)中,那个疯子的寓言表明,上帝之死已经把人类从大地上连根拔起。"还有上和下吗?"他问道,"当我们穿过无尽的虚无之后,难道不会迷失其中吗?"[106]

神话思维和仪式支撑着人类面对死亡和虚无,这样,当它们真正来临时,人类不致因毫无准备而惊慌失措。如果抽掉了这个支柱,人们将难以逃避内心的绝望。20世纪为我们展现了纷至沓来的虚无主义图景,现代性和启蒙运动对理性的过度奢望大多成为泡影。1912年,"泰坦尼克号"的沉没暴露了技术的脆弱;第一次世界大战的爆发则让世人见证了,一直以"人类朋友"面目出现的科学居然也可以成为生产夺命武器的刽子手;奥斯威辛集中营、古拉格群岛和波斯尼亚的灾难更是令人惊恐——如果失去了对神圣的敬畏,还有什么事不可能发生呢?我们受到当头一棒:理性并不能把人类从未开化的自然状态中救赎出来,一座集中营和一所优秀大学所秉持的理性精神并不存在实质性的差异。在长崎和广岛上空爆炸的原子弹,暴露了现代文化核心的虚无主义自我毁灭的萌芽;而2001年世贸大楼的"9·11"惨案则揭示出另一个可悲的事实——先进技术、便利交通和全球通讯等现代化的好处,同样能够应用于恐怖袭击。

"逻各斯"全方位地提升了我们的生活品质，但它并没有取得对神话的彻底胜利。对于那些幸运地生活在发达国家的人们来说，一个"去神话化"的世界真是再舒服不过了。但是，培根和洛克所预言的那个人间天堂并未出现。仔细思索20世纪的黑暗面，我们会发现，现代性焦虑不单是一场自我放纵的精神疾病的后果。我们正在面对前所未有的困境。此前所有的社会都把死亡视为生命向另一种生存模式的转化，他们从来不像今天这样简单粗暴地对待来世，而是设计了帮助人们面对那不可言说的世界的仪式和神话。在那些文明中，"通过仪式"和"启蒙仪式"能够完全净化人们心中的恐惧，而这种恐惧却是我们在这个神话缺席的现代文明里挥之不去的。当今社会对神话的抗拒甚至怀有一种令人动容的、个人英雄主义式的苦修意味，然而，纯粹线性的、逻辑的及历史的思维模式将阻碍我们获得精神治疗和生存技巧——这两者对于人类来说都是必不可少之物，它们有助于人性的完备，并让我们学会包容异己。

　　在物质方面，我们已经足够丰富复杂，但在精神层面，我们仍然止步于轴心时代——由于对神话的压制，我们甚至有可能已经倒退了。我们依然渴望超越当下，进入一个"完全时间",进入更为饱满完备的存在样式。我们试图通过艺术、摇滚、毒品或电影等超生活视角来进入这个维度。我们仍然在寻找着时代英雄。"猫王"艾尔维斯·普莱斯利(Elvis Presley)和戴安娜(Diana)王妃都被塑造为"即时性"的神话人物,甚至成为宗教崇拜的对象。但这是一种不合自然的拔高。英雄神话不是为了给我们提供令人崇拜的偶像,而是为了挖掘我们内心的英雄主义精神。神话必须导向积极的参与或模仿,而不是消极的冥思苦索。然而,生活在这个时代的我们却早已遗忘,该如何以一种精神上具有挑战性和变革性的方式来管理我们的神话生活。

我们必须矫正19世纪的谬误观点,即认为神话是虚假的或是一种低等思维模式。虽然我们不可能完全改变现代生活,取消现代教育带来的理性偏见,彻底返回到前现代意识中去,但我们可以改变对神话的态度,至少更为尊重它的存在。人类一直在创造新的神话,时至20世纪,大量危险的现代神话冒了出来,而它们最后都导致了灭绝人性的大屠杀和种族清洗。这些神话终告失败是因为它们违背了轴心时代的伦理范式。所有生命都包含着神圣的光芒,而这些杀戮神话缺乏对这些神圣生命应有的慈悲和尊敬,也缺乏孔子倡导的"仁道"。它们充斥着狭隘的民族情绪、种族歧视、党同伐异、利己主义，通过对他者的妖魔化来提升自我。这些神话都包含着负面的现代性，在目前"地球村"的全球化概念下，地球上所有的居民都陷入了同样的困境。我们不能仅凭理性来对抗这些神话，因为纯粹的"逻各斯"并不能解释人们心中无法祛除的、根深蒂固的恐惧、欲望和神经质。而这是神话伦理和神话精神的拿手好戏。

我们需要神话——它所蕴含的包容性能让我们接纳所有的同类，而不是用种族、国家和意识形态来分门别类。我们需要神话——它令我们富有同情心，而这正是推崇务实、理性的现代社会所严重匮缺之物，因为同情心既不能带来效率，又不能生产出任何产品，从而不被现代性所包容。我们需要神话——它帮助我们创造新的精神纬度，从而超越我们急功近利的短视行为，克服我们妄自尊大的自私自利，去体验一种新的超验价值。我们需要神话——让我们再度敬畏大地的神性，而不是仅把它当成一种可被使用、持存的"资源"。这一点至关重要，除非我们能发动一场可以比肩科技进步的精神革命，否则我们最终会毁灭掉这颗万物赖以生长的星球。

1922年，T. S.艾略特（T. S. Eliot）在他最杰出的诗作《荒原》（*The Waste Land*）里预言了西方文明的精神解体。《荒原》通过中世纪的"圣杯"神话隐喻现代西方的生存状况，人们在"荒原"过着不真实的生活，盲目追随社会规范，却没有来自内心深思熟虑的坚定信念。在这遍布现代性"乱石"的荒原中，人们已经与他们文化的神话基础失去了联系，又如何能在此扎下创造之根？他们只知道"一堆破碎的形象"，却不理解传统的内在连贯性。诗人艾略特细致而悲伤地引述着过往的神话——欧洲神话、梵语神话、佛教神话、《圣经》神话、希腊和罗马神话，提示了当代生活的贫瘠：异化、空虚、虚无、迷信、自负和绝望……面对即将到来的西方文明的消亡，他诗中的叙述者最后陈词道："我将用碎片支撑我的废墟。"《荒原》蒐集了大量已逝的神话，无疑，神话的洞察力将成为拯救我们的一种力量。尽管目前它只是一种碎片，但一旦我们将碎片拼成完整的图形、找到它们共同的核心，那么，我们就可以重新让我们居住的这片荒原变得生机勃勃。

《荒原》本身是一个预言。作家和艺术家们比宗教领袖更为急迫地走进了荒原的精神真空，试图让我们重新了解古老的神话智慧。他们试图寻找一种解药，以消除现代性的贫乏和冷漠、残忍。比如，画家就已经转向神话主题。1937年4月26日，西班牙内战达到顶峰，独裁者佛朗哥将军下令纳粹飞机轰炸巴斯克重镇格尔尼卡（Guernica）。那天正是格尔尼卡的集市日，当地7000多名平民中有1654人被炸死。几个月后，西班牙画家毕加索在巴黎世博会上展出了《格尔尼卡》。这幅杰作震惊了全人类，它几乎就是耶稣十字架上受难事件的现代版和世俗版。如同《荒原》，《格尔尼卡》也是对现代文明困境的一个隐喻，同时也是对我们当下所处的不人道的"美丽新世界"发出的一声强烈呐喊。

《格尔尼卡》的画面上充满了同情的巨大张力，人们无法不对那种痛苦"感同身受"。"牺牲"曾经激发了最早的神话想象力。在旧石器时代，人类相信被猎杀的动物跟自己拥有一种令人不安的亲缘关系，为了缓解内心的痛苦，他们所进行的献祭仪式就是为了纪念那些为人类而牺牲的动物。在《格尔尼卡》里，人类和动物都成了肆无忌惮的屠杀的牺牲品，他们倒在一起，乱作一团，嘶吼的马匹和被砍掉头颅的尸体密不可分地纠缠在一起。两名妇女凝视着受伤的马，对它的痛苦似乎感同身受，这幅景象让人联想到耶稣受难时，倒在十字架下的妇人。母神以威风凛凛的女猎手形象出现；而在毕加索的画中，那个母亲却怀抱着孩子僵硬的尸身，以受害者的形象发出无声的号啕。在她身后是一头巨大的公牛，毕加索曾表示，它代表着残暴。毕加索十分迷恋壮观的斗牛比赛，那是西班牙的传统项目，它的根源可追溯到远古的献祭仪式。毕加索的公牛看上去并不残暴粗野，它木然屹立在被害者们身边，晃着尾巴，审视全场。也许，这意味着它在这场战斗中已经完成了自己的使命，现在正准备抽身后退，考虑下一步该怎么走。然而，既然公牛本身就是被献祭之物，那么，作为残暴象征的公牛也逃脱不了死亡的命运。也许，毕加索在无意中已经暗示了现代性的实质——现在一切才刚刚开始，现代性将逐步暴露它潜藏的自我毁灭和理性之下的暴力性。

作家也转向神话，开始探索现代的"两难"处境。从乔伊斯的《尤利西斯》(Ulysses)就可管窥全豹。《尤利西斯》和《荒原》同年出版，小说中的主人公的经历正好对应荷马史诗《奥德赛》(Odyssey)中的插叙部分。豪尔赫·路易斯·博尔赫斯（Jorge Luis Borges）、贡特·格拉斯（Gunter Grass）和伊塔洛·卡尔维诺（Italo Calvino）、安吉拉·卡特（Augela Carter）和萨尔曼·拉什迪（Salman Rushdie）等魔幻现实主义作家对逻辑霸权发出了挑战,将超自然与现实融合在一起,将日常理性和梦幻、童话的神话逻辑并置起来。另一些作家则将眼光转向未来。乔治·奥威尔(George Orwell)1949年出版的《1984》(Nineteen Eighty-Four)预言了警察社会的危险,他们通过不断修改历史来适应现在。奥威尔小说的真实寓意到底何在?人们一直为此争论不休,然而无论如何,它就像既往的伟大神话一样,已经深深烙印到集体意识之中。书中的许多短语和意象,甚至包括它的标题,都已经进入日常用语,比如"老大哥"(Big Brother)、"双重思想"(Doublethink)、"新话"(Newspeak)以及"101房间"(Room 101),等等,人们用它来识别现代生活的趋势和特征,哪怕没读过这本小说也照用不误。

然而,一部世俗小说真的能够还原传统神话,再现男女诸神吗?在前现代社会,人们很少用西方"逻各斯"主义的形而上的观点来看待神性,却乐于借助它理解人性。随着生活环境的变化,诸神已经退场,他们只能在神话和宗教的夹缝中求生存,有时候他们甚至完全消失了。从这个意义上来说,其实当代小说并没有太多新意,它像古代神话一样,都不过是试图解决人类生活中同样棘手而难以捉摸的问题。它们都同样让我们意识到自身的处境——不管诸神的地位如何，人类不仅仅是他们的物质环境，也具有神圣价值。

小说家和艺术家们在某种意义上就是远古的神话制造者，他们拥有同样的意识水准，自然会倾向于同样的主题。约瑟夫·康拉德（Joseph Conrad）《黑暗的心》（*Heart of Darkness*）就可以被看作一部英雄冒险与启蒙传奇，只不过一切都错了位。这部小说于1902年出版，那正是西方大觉醒的前奏。小说刻画了来自高度文明地区的库尔兹先生在非洲密林深处的逗留。在传统神话中，英雄离开安全的部落踏上探险之旅，他往往要先下到地下深处，与他的另一个自我不期而遇。被孤立和被剥夺的经历可能会引起心理崩溃，而这正是新生的必经之路。当英雄最终凯旋时，他将为人民带来新奇而珍贵的献礼。在康拉德的小说里，迷宫和不祥的非洲河流都让人回想起拉斯科洞穴的地下通道，人们匍匐着穿过它，象征性地回到子宫之内。在原始森林的地下世界，库尔兹先生已经窥探到自己内心的黑暗，但仍然冥顽不化地继续退化，他的精神早已先于肉体死去。他变成了一位现代萨满，他的精神已经缺失、退场（manqué），对遭受他虐待的非洲部落他不仅没有丝毫尊重，而且充满鄙视。神话英雄意识到，他必须死去才能重生，但库尔兹却陷入了一种毫无结果的自我中心主义的困境中。到小说末尾，库尔兹先生已成满口污言秽语的行尸走肉。库尔兹为自己的声名所累，他追求的不是英雄主义，而是虚名。他无法对生活作出英雄式的肯定，他的临终遗言是一声叫喊："恐怖啊！恐怖！"——艾略特拿它作为《荒原》的题词。康拉德，一位真正的先知，已经看透了20世纪的无聊、自私、贪婪、虚无和绝望。

1924年，托马斯·曼（Thomas Mann）出版了《魔山》（*The Magic Mountain*），同样采用了"启蒙仪式"的母题。故事发生在西方历史上的另一个悲剧时刻。他原来并不承认这是他的初衷，但后来有位年轻的哈佛学者向他指出，《魔山》正是"英雄探险"的现代版本，托马斯·曼立即恍然大悟，这的确一针见血。英雄探险神话早已深埋在托马斯·曼的潜意识之中，令他于不自觉中写出了《魔山》这部现代神话小说。书中的达沃斯疗养院注定要成为"启蒙仪式的圣地、探索生命奥秘的冒险之地"。主人公汉斯·卡斯托普是一个现代圣杯骑士，追寻着象征"知识、智慧和神圣"的圣杯，那也是生活的全部意义所在。卡斯托普"甘愿拥抱疾病和死亡，他跟它们非同小可的初次接触就给了他非凡进步的希望，当然，这也将给他的生活带来巨大的风险"。不过，与此同时，这一现代启蒙仪式无法回避20世纪本性上的轻薄肤浅。托马斯·曼看到，病人们在疗养院里形成了一种"个人主义的孤立魔圈"，在传统神话英雄大有作为的冒险之地，卡斯托普却被卷入到唯我主义、无所事事的寄生生活之中，最终探险也一无所成。[107]他在魔山耗费了七年，继续着他宏大的人类梦想，直到第一次世界大战才宣告幻灭。那次大战简直就是整个欧洲的一次集体自杀行为。

马尔科姆·劳里（Malcolm Lowry）《火山下》（*Under the Volcano*，1947年）的故事背景是二战的边缘国家墨西哥。它记录了英国驻墨西哥酒鬼领事生命的最后一天，他不仅是劳里的另一个自我，而且，显而易见地他也代表了我们每一个人。小说开始于一个叫德尔博斯克的小酒店，这让人想起了但丁《神曲·地狱篇》中的"黑暗森林"；那一天是亡者与生者交流的日子。劳里在这部小说里探索的观点与远古神话不谋而合，生命与死亡不可分割。在劳里笔下，墨西哥大地上丰盈的生命之美与黑暗的恐怖死亡交织穿插，仿佛乐园与地狱的意象并置在一起。显然，任何不厌其烦的细琐笔墨在此都获得了意义的普遍性——人们到庇护所躲避风暴，如同战争的受难者们四处逃窜到防空洞里；影院的灯光熄灭，就如同整个欧洲都陷入黑暗之中；而电影《奥莱克之手》（*Las Manos de Orlac*）的宣传海报中，那些沾满鲜血的手提醒我们人类集体犯下的罪过；那只摩天大转轮象征着时间的流逝；路边奄奄一息的农夫提醒我们，全世界的人都在不知不觉中死去。酗酒的墨西哥领事越发醉意朦胧，他对周边事物的幻觉就越发强烈，事件和物体都超出了它们自身的特殊性。在古代神话中，万事万物都具有神圣意义，没有任何一件事物是完全世俗化的。而在劳里小说中的"死亡之日"，则没有一件事物是中性化的，它们全部都承载着宿命的意味。

小说刻画了1939年前的世界之醉。每喝一口，墨西哥领事就朝他不可避免的死亡迈近了一步。而人类跟这个墨西哥领事殊途同归，因为人类也失去了控制，正在走向灾难。希望已死，人们不仅丧失了生活的能力，同时也丧失了清晰的愿景。喀巴拉派曾把滥用能量的修行者比作"醉鬼"，这正是劳里小说的中心意象——人类就像一位迷失了方向的喝醉了的巫师，不清不楚地释放出他们无法控制的力量，最终将摧毁整个世界。劳里曾经表示过，他在书里暗喻的是原子弹。值得说明的是，《火山下》并不是一本虚无主义小说，它唤醒了人性中怜悯、美好和可爱而荒谬的一面。

我们已经了解到，在纯粹世俗的背景下永远也不可能触摸到神话的内在意义。唯有在不沾人间烟火的仪式中才能真正理解神话，才能将其作为人性转化的一部分来体验。显然，小说不可能直接展现这一切，也根本无须在仪式渲染的背景下进行阅读，甚至要避免一切公开说教；然而，小说却含有某种意味深长的气质，它将把我们拉回到对神话的传统理解之中。阅读小说在本质上就是一种冥思。读者需要与一部小说共度好几天乃至好几个星期。作品将读者投射到另一个世界，它源于生活而又高于生活。读者清楚地意识到小说是虚构的，但仍然读得津津有味。一部富有想像力的小说将像诸神的存在一样，构成大众的日常生活背景，哪怕已经放下书本，仍然余音绕梁。这同样是一种"信以为真"的训练，它就像瑜伽或者宗教狂欢，不仅打破了时空界限，而且扩展了人类的同情心，让我们为他人而喜，为他人而悲。它教给了我们对他人生活"感同身受"的能力。而且，就像神话一样，一部小说杰作也具有"转化仪式"的功能。只要我们愿意接受，那么，它就将给我们带来永久的转变。

神话就是一种艺术形式。任何具有强烈感染力的艺术作品都能闯入我们的生活，我们的一切都将随之改变。英国评论家乔治·斯坦纳（George Steiner）宣称，神话等同于人类经验中最具侵入性和转换性的宗教或形而上的经验，具有很强的感召力。它不由分说地闯入生活，鲁莽地"质问人类生活中的最后一丝隐私"；它也是一个不请自来的神谕，"闯入人类小心翼翼维持的躯壳"，因而，"我们不能再墨守成规，一如既往地生活下去"。它还是一种超验之物，它实际上在告诉我们："改变你的生活。"[108]

一部作品如果在创作和阅读中都令人全神贯注，那么无论是一部小说、一则神话还是任何一件伟大的艺术品，它们都能达到同样的效果：它将以它的转化功能，帮助我们穿过生命的痛苦之旅，从人生的一个阶段抵达另一个阶段，从心灵的一个层次转向另一个层次。一部小说，犹如一部神话，教会我们用不同的方式看世界，教会我们洞察自己的内心，并以一种非功利的视角看待世界。如果宗教领袖不能在神话传说中教导人类，那么，艺术家和有创造力的小说家或许能够接过这一神圣职责，为这个失落迷惘、遍体鳞伤的世界带来新的洞见。

NOTES
注释

1. Mircea Eliade, *The Myth of the Eternal Return or Cosmos and History* (trans. Willard R. Trask, Princeton, 1994), passim.

2. J. Huizinga, *Homo Ludens* (trans. R.F.C. Hall, London), 1949, 5–25.

3. Huston Smith, *The Illustrated World Religions, A Guide to our Wisdom Traditions* (San Francisco, 1991), 235.

4. Mircea Eliade, *Myths, Dreams and Mysteries, The Encounter between Contemporary Faiths and Archaic Realities* (trans. Philip Mairet, London, 1960), 59–60.

5. Ibid., 71.

6. Mircea Eliade, *Patterns in Comparative Religion* (trans. Rosemary Sheed, London, 1958), 216–219; 267–272.

7. Ibid., 156–185.

8. Eliade, *Patterns in Comparative Religion*, 38–58.

9. Rudolf Otto, *The Idea of the Holy. An Inquiry into the Non-rational Factor in the Idea of the Divine and Its Relation to the Rational* (trans. John Harvey, Oxford, 1923), 5–41.

10. Eliade, *Myths, Dreams and Mysteries*, 172–178; Wilhelm Schmidt, *The Origin of the Idea of God* (New York, 1912), passim.

11. Eliade, *Patterns in Comparative Religion*, 99–108.

12. Eliade, *Myths, Dreams and Mysteries*, 54–86.

13. Joseph Campbell and Bill Moyers, *The Power of Myth* (New York, 1988), 87.

14. Ibid.

15. Eliade, *Myths, Dreams and Mysteries*, 63.

16. Walter Burkert, *Homo Necans, The Anthropology of Ancient Greek Sacrificial Ritual and Myth* (trans. Peter Bing, Los Angeles, Berkeley and London, 1983), 88–93.

17. Ibid., 15–22.

18. Campbell, *The Power of Myth*, 72–74; Burkert, *Homo Necans*, 16–22.

19. Joannes Sloek, *Devotional Language* (trans. Henrik Mossin, Berlin and New York, 1996), 50–52, 68–76, 135.

20. Walter Burkert, *Structure and History in Greek Mythology and Ritual* (Berkeley, Los Angeles and London, 1980), 90–94; Joseph Campbell, *Historical Atlas of World*

Mythology; Volume 2: The Way of the Animal Powers; Part 1: Mythologies of the Primitive Hunters and Gatherers (New York, 1988), 58–80; Campbell, *The Power of Myth*, 79–81.

21 Eliade, *Myths, Dreams and Mysteries*, 194–226; Campbell, *The Power of Myth*, 81–85.

22 Eliade, *Myths, Dreams and Mysteries*, 225.

23 Campbell, *The Power of Myth*, 124–125.

24 Burkert, *Homo Necans*, 94–95.

25 Homer, *The Iliad* 21:470.

26 Burkert, *Greek Religion*, 149–152.

27 Burkert, *Homo Necans*, 78–82.

28 Eliade, *Patterns of Comparative Religion*, 331–343.

29 Eliade, *Myths, Dreams and Mysteries*, 138–140; *Patterns in Comparative Religion*, 256–261.

30 Hosea 4:11-19; Ezekiel 8:2-18; 2 Kings 23:4-7.

31 Eliade, *Myths, Dreams and Mysteries* 161–171; *Patterns in Comparative Religion*, 242–253.

32 Eliade, *Myths, Dreams and Mysteries*, 162–165.

33 Ibid., 168–171.

34 Ibid., 188–189.

35 Genesis 3:16–19.

36 Anat–Baal Texts 49:11:5; quoted in E. O. James, *The Ancient Gods* (London, 1960), 88.

37 "Inanna's Journey to Hell", in *Poems of Heaven and Hell from Ancient Mesopotamia* (trans. and ed. N. K. Sandars, London, 1971), 165.

38 Ibid., 163.

39 Campbell, *The Power of Myth*, 107–111.

40 Ezekiel 8:14; Jeremiah 32:29, 44:15; Isaiah 17:10.

41 Burkert, *Structure and History*, 109–110.

42 Burkert, *Structure and History*, 123–128; *Homo Necans*, 255–297; *Greek*

Religion, 159–161.

43 Eliade, *Myths, Dreams and Mysteries*, 227–228; *Patterns in Comparative Religion*, 331.

44 Karl Jaspers, *The Origin and Goal of History* (trans. Michael Bullock, London, 1953), 47.

45 Gwendolyn Leick, *Mesopotamia. The Invention of the City* (London, 2001), 268.

46 Genesis 4:17.

47 Genesis 4:21–22.

48 Genesis 11:9.

49 Leick, *Mesopotamia*, 22–23.

50 所以在其他史诗中,阿特拉哈斯被称为朱苏德拉和乌塔那匹兹姆("发现生命的人")。

51 Thokhild Jacobsen, "The Cosmos as State", in H. and H. A. Frankfort (eds.), *The Intellectual Adventure of Ancient Man. An Essay on Speculative Thought in the Ancient Near East* (Chicago, 1946), 186-197.

52 Ibid., 169.

53 Enuma Elish, I:8–11, in Sandars, *Poems of Heaven and Hell*, 73.

54 Enuma Elish, VI:19, in Sanders, *Poems of Heaven and Hell*, 99.

55 Isaiah 27:1; Job 3:12, 26:13; Psalms 74:14.

56 Eliade, *Myths, Dreams and Mysteries*, 80–81; *The Myth of the Eternal Return*, 17.

57 *The Epic of Gilgamesh*, I: iv:6, 13, 19; *Myths from Mesopotamia. Creation, the Flood, Gilgamesh, and Others* (trans. Stephanie Dalley, Oxford, 1989), 55.

58 Ibid., I: iv:30–36, 56.

59 Ibid., VI: ii:1–6, 78.

60 Ibid., VI: ii:11–12, 78-79.

61 Ibid., XI: vi:4, 118.

62 David Damrosch, *The Narrative Covenant. Transformations of Genre in the Growth of Biblical Literature* (San Francisco, 1987), 88–118.

63 The *Epic of Gilgamesh*, XI: ii:6–7, in Dalley, 113.

64 Ibid., I:9–12, 25–29, 50.

65 Ibid., 1:4–7, 50.

66 Robert A. Segal, "Adonis: A Greek Eternal Child", in Dora C. Pozzi and John M. Wickersham (eds.), *Myth and the Polis* (Ithaca, New York and London, 1991), 64–86.

67 Karl Jaspers, *The Origin and Goal of History* (trans. Michael Bullock, London 1953), 1–78.

68 直到3世纪中期，《道德经》的作者才为人所知，他使用了虚构的圣人老子作为笔名，人们通常认为他生活在6世纪或7世纪晚期。

69 Genesis 18.

70 Isaiah 6:5; Jeremiah 1:6–10.

71 Confucius, *Analects* 5:6; 16:2.

72 Sadly, inclusive language is not appropriate here. Like most of the Axial sages, Confucius had little time for women.

73 Confucius, *Analects* 12:22; 17:6.

74 Ibid., 12:2.

75 Ibid., 4;15.

76 Ibid., 8:8.

77 Ibid., 3:26; 17:12.

78 *Anguttara Nikaya* 6:63.

79 *Dao De Jing* 80.

80 Ibid., 25.

81 Ibid., 6, 16, 40, 67.

82 *Jataka* 1:54–63; *Vinaya: Mahavagga* 1:4.

83 Psalm 82.

84 2 Chronicles 34:5–7.

85 Hosea 13:2; Jeremiah 10; Psalms 31:6; 115:4–8; 135:15.

86 Exodus 14.

87 Isaiah 43:11–12.

88 Plato, *The Republic*, 10:603D-607A.

89 Ibid., 522a8; Plato, *Timaeus* 26E5.

90 *Metaphysics* III, 1000a11–20.

91 Plato, *The Republic* 6:509ff.

92 Plato, *Timaeus* 41e.

93 Aristotle, *Metaphysics*, 1074 Bf.

94 2 Corinthians 5:16.

95 Philippians 2:9.

96 Philippians 2:9–11.

97 Philippians 2:7–9.

98 Luke 24:13–22.

99 卡巴拉神学家强调恩索夫既非男性，也无女性，"它"在散发过程的最后成为神秘者的"你"。

100 Gregory of Nyssa, "Not Three Gods".

101 Richard S. Westfall, "The Rise of Science and the Decline of Orthodox Christianity: A Study of Kepler, Descartes and Newton", in David C. Lindberg and Ronald L. Numbers (eds.), *God and Nature: Historical Essays on the Encounter Between Christianity and Science* (Berkeley, Los Angeles and London, 1986), 231.

102 Gregory of Nazianzos, *Oration*, 29:6–10.

103 Blaise Pascal, *Pensées* (trans. A. J. Krasilsheimer, London, 1966), 209.

104 R.C. Lovelace, "Puritan Spirituality: The Search for a Rightly Reformed Church" in Louis Dupre and Don E. Saliers (eds.), *Christian Spirituality: Post Reformation and Modern* (London and New York, 1989), 313–315.

105 T. H. Huxley, *Science and Christian Tradition* (New York, 1896), 125.

106 Friedrich Nietzsche, *The Gay Science* (New York, 1974), 181.

107 Thomas Mann, "The Making of *The Magic Mountain*", in *The Magic Mountain* (trans. H. T. Lowe Porter, London, 1999), 719–729.

108 George Steiner, *Real Presences: Is there Anything in What We Say?* (London, 1989), 142–143.

A Short History of Myth
Copyright © Karen Armstrong, 2006
Simplified Chinese copyright: 2020 by Beijing Alpha Books Co., Inc
Published by arrangement with Canongate Books Ltd., 14 High Street, Edinburgh EH1 1TE
All Rights reserved.
版贸核渝字（2017）第194号

图书在版编目（CIP）数据

神话简史 /（英）凯伦·阿姆斯特朗著；胡亚豳译. —重庆：重庆出版社，2020.10
　书名原文：A Short History of Myth
　ISBN 978-7-229-15066-2

Ⅰ.①神… Ⅱ.①凯…②胡… Ⅲ.①神话－研究－世界 Ⅳ.①B932.1

中国版本图书馆CIP数据核字（2020）第090435号

神话简史

[英]凯伦·阿姆斯特朗　著　胡亚豳　译

策　　划：华章同人
出版监制：徐宪江
责任编辑：秦　琥　马巧玲
责任印制：杨　宁
营销编辑：史青苗　刘　娜
装帧设计：潘振宇　774038217@qq.com

重庆出版集团
重庆出版社　出版

（重庆市南岸区南滨路162号1幢）
投稿邮箱：bjhztr@vip.163.com
三河市天润建兴印务有限公司　印刷
重庆出版集团图书发行有限公司　发行
邮购电话：010-85869375/76/77转810
重庆出版社天猫旗舰店
cqcbs.tmall.com
全国新华书店经销

开本：880mm×1230mm　1/32　印张：4.375　字数：77千
2020年10月第1版　2020年10月第1次印刷
定价：48.00元

如有印装质量问题，请致电023-61520678
版权所有　侵权必究